物化历史系列

长江史话

A Brief History of
the Changjiang River in China

卫家雄　华林甫 / 著

社会科学文献出版社
SOCIAL SCIENCES ACADEMIC PRESS (CHINA)

图书在版编目(CIP)数据

长江史话/卫家雄,华林甫著.—北京:社会科学文献出版社,2011.7 (2013.6重印)
(中国史话)
ISBN 978-7-5097-2075-2

Ⅰ.①长… Ⅱ.①卫… ②华… Ⅲ.①长江-历史 Ⅳ.①K928.42

中国版本图书馆 CIP 数据核字 (2011) 第 111384 号

"十二五"国家重点出版规划项目

中国史话·物化历史系列

长江史话

著　　者	/ 卫家雄　华林甫
出 版 人	/ 谢寿光
出 版 者	/ 社会科学文献出版社
地　　址	/ 北京市西城区北三环中路甲29号院3号楼华龙大厦
邮政编码	/ 100029
责任部门	/ 人文分社 (010) 59367215
电子信箱	/ renwen@ ssap. cn
责任编辑	/ 孙以年
责任校对	/ 宋荣欣
责任印制	/ 岳　阳
经　　销	/ 社会科学文献出版社市场营销中心 　(010) 59367081　59367089
读者服务	/ 读者服务中心 (010) 59367028
印　　装	/ 北京画中画印刷有限公司
开　　本	/ 889mm×1194mm　1/32　印张 / 6
版　　次	/ 2011 年 7 月第 1 版　字数 / 113 千字
印　　次	/ 2013 年 6 月第 5 次印刷
书　　号	/ ISBN 978-7-5097-2075-2
定　　价	/ 15.00 元

本书如有破损、缺页、装订错误,请与本社读者服务中心联系更换

▲ 版权所有 翻印必究

《中国史话》编辑委员会

主　　任　陈奎元

副 主 任　武　寅

委　　员　（以姓氏笔画为序）
　　　　　　卜宪群　王　巍　刘庆柱
　　　　　　步　平　张顺洪　张海鹏
　　　　　　陈祖武　陈高华　林甘泉
　　　　　　耿云志　廖学盛

总 序

中国是一个有着悠久文化历史的古老国度，从传说中的三皇五帝到中华人民共和国的建立，生活在这片土地上的人们从来都没有停止过探寻、创造的脚步。长沙马王堆出土的轻若烟雾、薄如蝉翼的素纱衣向世人昭示着古人在丝绸纺织、制作方面所达到的高度；敦煌莫高窟近五百个洞窟中的两千多尊彩塑雕像和大量的彩绘壁画又向世人显示了古人在雕塑和绘画方面所取得的成绩；还有青铜器、唐三彩、园林建筑、宫殿建筑，以及书法、诗歌、茶道、中医等物质与非物质文化遗产，它们无不向世人展示了中华五千年文化的灿烂与辉煌，展示了中国这一古老国度的魅力与绚烂。这是一份宝贵的遗产，值得我们每一位炎黄子孙珍视。

历史不会永远眷顾任何一个民族或一个国家，当世界进入近代之时，曾经一千多年雄踞世界发展高峰的古老中国，从巅峰跌落。1840年鸦片战争的炮声打破了清帝国"天朝上国"的迷梦，从此中国沦为被列强宰割的羔羊。一个个不平等条约的签订，不仅使中国大量的白银外流,更使中国的领土一步步被列强侵占,国库亏空,民不聊生。东方古国曾经拥有的辉煌,也随着西方列强坚船利炮的轰击而烟消云散,中国一步步堕入了半殖民地的深渊。不甘屈服的中国人民也由此开始了救国救民、富国图强的抗争之路。从洋务运动到维新变法,从太平天国到辛亥革命,从五四运动到中国共产党领导的新民主主义革命,中国人民屡败屡战,终于认识到了"只有社会主义才能救中国,只有社会主义才能发展中国"这一道理。中国共产党领导中国人民推倒三座大山,建立了新中国,从此饱受屈辱与践踏的中国人民站起来了。古老的中国焕发出新的生机与活力,摆脱了任人宰割与欺侮的历史,屹立于世界民族之林。每一位中华儿女应当了解中华民族数千年的文明史,也应当牢记鸦片战争以来一百多年民族屈辱的历史。

当我们步入全球化大潮的 21 世纪,信息技术革命迅猛发展,地区之间的交流壁垒被互联网之类的新兴交流工具所打破,世界的多元性展示在世人面前。世界上任何一个区域都不可避免地存在着两种以上文化的交汇与碰撞,但不可否认的是,近些年来,随着市场经济的大潮,西方文化扑面而来,有些人唯西方为时尚,把民族的传统丢在一边。大批年轻人甚至比西方人还热衷于圣诞节、情人节与洋快餐,对我国各民族的重大节日以及中国历史的基本知识却茫然无知,这是中华民族实现复兴大业中的重大忧患。

中国之所以为中国,中华民族之所以历数千年而不分离，根基就在于五千年来一脉相传的中华文明。如果丢弃了千百年来一脉相承的文化，任凭外来文化随意浸染，很难设想13亿中国人到哪里去寻找民族向心力和凝聚力。在推进社会主义现代化、实现民族复兴的伟大事业中，大力弘扬优秀的中华民族文化和民族精神，弘扬中华文化的爱国主义传统和民族自尊意识，在建设中国特色社会主义的进程中，构建具有中国特色的文化价值体系，光大中华民族的优秀传统文化是一件任重而道远的事业。

当前，我国进入了经济体制深刻变革、社会结构深刻变动、利益格局深刻调整、思想观念深刻变化的新的历史时期。面对新的历史任务和来自各方的新挑战，全党和全国人民都需要学习和把握社会主义核心价值体系，进一步形成全社会共同的理想信念和道德规范，打牢全党全国各族人民团结奋斗的思想道德基础，形成全民族奋发向上的精神力量，这是我们建设社会主义和谐社会的思想保证。中国社会科学院作为国家社会科学研究的机构，有责任为此作出贡献。我们在编写出版《中华文明史话》与《百年中国史话》的基础上，组织院内外各研究领域的专家，融合近年来的最新研究，编辑出版大型历史知识系列丛书——《中国史话》，其目的就在于为广大人民群众尤其是青少年提供一套较为完整、准确地介绍中国历史和传统文化的普及类系列丛书，从而使生活在信息时代的人们尤其是青少年能够了解自己祖先的历史，在东西南北文化的交流中由知己到知彼，善于取人之长补己之短，在中国与世界各国愈来愈深的文化交融中，保持自己的本色与特色，将中华民族自强不息、厚德载物的精神永远发扬下去。

《中国史话》系列丛书首批计200种，每种10万字左右，主要从政治、经济、文化、军事、哲学、艺术、科技、饮食、服饰、交通、建筑等各个方面介绍了从古至今数千年来中华文明发展和变迁的历史。这些历史不仅展现了中华五千年文化的辉煌，展现了先民的智慧与创造精神，而且展现了中国人民的不屈与抗争精神。我们衷心地希望这套普及历史知识的丛书对广大人民群众进一步了解中华民族的优秀文化传统，增强民族自尊心和自豪感发挥应有的作用，鼓舞广大人民群众特别是新一代的劳动者和建设者在建设中国特色社会主义的道路上不断阔步前进，为我们祖国美好的未来贡献更大的力量。

陈奎元

2011年4月

⊙华林甫

作者小传

华林甫,男,1965年出生于浙江余杭,文科博士、理科博士后,2008年入选教育部新世纪优秀人才。现为中国人民大学教授、博士生导师。专业为历史地理学,研究方向为中国历史地理。曾在《中国社会科学》、《历史研究》、《地理研究》、《自然科学史研究》等刊发表学术论文七十余篇。个人专著有《中国地名学源流》、《中国地名学史考论》、《英档庋藏近代中文舆图》,所编《中国历史地理学五十年》影响较大。撰写本书时,为中国社会科学院历史研究所助理研究员。

目 录

前 言 ……………………………………………… 1

一 江流绪语 …………………………………… 4
　1. "长江"及其别称 ………………………… 4
　2. 鬼斧神工塑大江 ………………………… 9
　3. 黄金航道的开拓 ………………………… 10
　4. 城陵矶至江阴段河道的变迁 …………… 15
　5. 长江口两岸及崇明岛的演变 …………… 18

二 上游激浪 …………………………………… 23
　1. 古往今来话江源 ………………………… 23
　2. 金沙江畔 ………………………………… 32
　3. 岷江两岸 ………………………………… 38
　4. 天府骄子：成都 ………………………… 44
　5. 奇特的悬棺葬 …………………………… 49
　6. 山城重庆 ………………………………… 53
　7. 古代长江的水文站 ……………………… 57
　8. 从地狱到天堂 …………………………… 61
　9. 壮丽的三峡 ……………………………… 66

三 中游之旅 ································ 79
1. 荆州览胜 ································ 79
2. "九曲回肠"荆江水 ···················· 84
3. 洞庭君山翠 ···························· 89
4. 折戟沉沙话赤壁 ························ 94
5. 武汉掠影 ······························ 97
6. 成珠拨翠话樊口 ······················ 104
7. 东坡赤壁 ······························ 106
8. 一山飞峙大江边 ······················ 108
9. 神州第一大淡水湖 ···················· 113

四 下游欢歌 ································ 121
1. "江湖锁钥"石钟山 ···················· 121
2. 小孤山峭马当险 ······················ 124
3. 塔影横江话安庆 ······················ 127
4. 滨江名邑芜湖 ························ 130
5. 遥指杏花村 ·························· 134
6. 翠螺绝壁采石矶 ······················ 136
7. 马鞍山与乌江 ························ 140
8. 龙盘虎踞南京城 ······················ 144
9. 骑鹤上扬州 ·························· 150
10. 镇江三山 ···························· 157
11. 长江的咽喉——江阴 ·················· 161
12. 黄浦江畔大上海 ······················ 163

结束语 ···································· 171

前 言

横卧在神州中部的银色巨龙——万里长江,时而涓涓细语,时而奋激嘶鸣,好像在诉说着她的往昔。

经过2000多年的寻觅,炎黄子孙终于发现大江之源在唐古拉山的主峰——神奇的各拉丹冬雪山的西南侧。

江水滔滔,越过草原肥美、矿藏丰富的青藏高原,横贯"天府之国"四川盆地,摆荡于"湖广熟,天下足"的两湖平原之间,润泽着"江淮稻粱肥"的苏皖大地,流经"富饶甲海内"的长江三角洲,滚滚东流,在上海市潇潇洒洒汇入东海。长江干流途经11个省、区、市,全长6300公里,为中国及亚洲第一大河,仅次于南美洲的亚马孙河和非洲的尼罗河,列为世界第三长河。

长江每年入海总径流量达一万亿立方米,相当于黄河的20倍,仅逊于亚马孙河和刚果河,居世界第三位。流域面积达180多万平方公里,遍及17个省、区、市,占全国陆地总面积的1/5。

在6300公里的流程中,长江汇集了700多条大小河川。其中，最主要的有雅砻江、岷江及其支流大渡河、嘉陵江、乌江、沅江、湘江、汉江、赣江、黄浦江等。同时，大江还串联了众多的湖泊，最著名的要数"五湖"，即鄱阳湖、洞庭湖、太湖、洪泽湖、巢湖。

地理学家按照长江的水文、地貌等特征，把干流分为上、中、下游三段。目前较统一的分法是：从江源到宜昌为上游段，宜昌至湖口为中游段，湖口以下是下游段。

常言道，"鉴古知今"。当我们初步了解了大江现时的概况后，应该上溯千年、万年，乃至亿万年前，回顾这条与黄河同等重要的中华民族母亲河的历史，以利于今天对长江的开发、整治和利用，加深我们对她的热爱。

前言

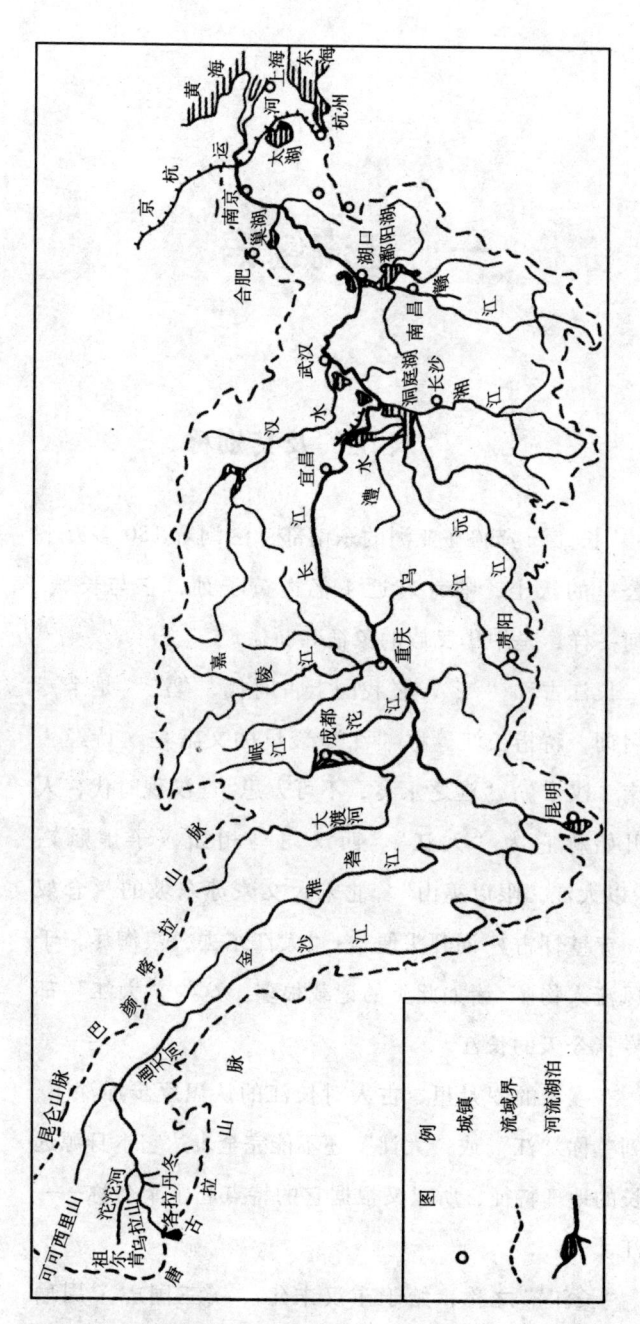

长江流域示意图

一　江流绪语

"长江"及其别称

"长江"奔腾在亚洲的东南部，滋润着180多万平方公里的沃土，哺育着近4亿炎黄子孙，它与长城、黄河一样，是中华民族的象征和骄傲。

长江古称"江"。在我国上古时代，"江"是个专用名词，特指长江。称"江"最早的文献是《诗经·周南·汉广》："江之永矣，不可方思。"汉魏时代，人们开始称它为"大江"。西汉司马相如《子虚赋》："缘以大江，限以巫山"。北宋大文豪苏东坡的《念奴娇·赤壁怀古》词开头便是："大江东去，浪淘尽，千古风流人物。"诸如此类的记载很多。这些"大江"都是专指今天的长江。

在漫长的岁月里，古人对长江的认识逐步加深了，感到单称"江"或"大江"还不能完全表达它本身源远流长的地理特征，所以又根据它的特点起了个名称——长江。

"长江"之称，始于东汉末年。《三国志·周瑜传》:"其年(建安十三年,208年)九月,曹公入荆州,刘琮举众降……(孙)权延见群下,议者咸曰:'……将军大势,可以拒操者,长江也'。"同书《鲁肃传》《吕蒙传》《傅瑕传》中也有"长江"的记载。由此推测,"长江"之名在东汉末三国初已在使用,而其得名自当更早。晋朝以后,称"长江"者逐渐多了起来。西晋文学家陆机《辨亡论》中有"东负沧海,西阻险塞,长江制其区宇,峻山带其封域"之语。到了唐代,"长江"之名已被人们普遍采用,当时许多诗人都用"长江"一词来称呼它,如王勃《山中》:"长江悲已滞,万里念将归";李白《黄鹤楼送孟浩然之广陵》:"孤帆远影碧空尽,惟见长江天际流";杜甫《登高》:"无边落木萧萧下,不尽长江滚滚来"。到了宋代,人们更以"长江"一词入诗、入词、入画。就这样,"长江"名称连续沿用了1000多年,约定俗成,定为其名。

由于长江是名副其实的"长",古代科学又不发达,交通也不方便,古人很难认识长江的全貌,居住在哪儿的人就将那段江道取名,于是形成了很多的分段别称。这些别称大都是从古代的国名、州名、县名中派生出来的。

长江发源于青海省唐古拉山脉主峰各拉丹冬雪山的西南侧,正源叫沱沱河。从沱沱河接纳当曲到青海玉树段叫"通天河",长813公里。通天河的河床海拔高达三四千米,和长江中下游相比较,它真可谓是通天的河流!传说江源一直能通到天上,故名。清康熙年间的国家内府地图《皇舆全览图》上，就标为"通天河"。在藏语里，通天河叫"直曲"，意思是"神牛犊河"。关于"直曲"的来历，在当地藏族民间还流传着一个美丽而神奇的传说。古时候，天帝把一条神牛犊赶到青海草原，限令它三天啃光高原上的青草，踏平高耸的青山，把那里变成不毛之地。神牛犊不肯执行天帝的旨意，却愿意为人民造福，于是它爬上一座高山，面对东方，大吼数声，从鼻孔里喷出两股清泉，就成了这条大江的最初源泉。她浇绿了草原，喂肥了牛羊，给高原带来了生机，所以藏族人民称之为"直曲"，藏语中"直"是"牛犊"的意思，"曲"是"河流"的意思。

当通天河流入四川、西藏交界处时，便有了"金沙江"之名。金沙江奔腾在横断山区，干流全长2308公里，古称绳水、丽水。早在战国时，韩非子就说："丽水之中生金"。明末宋应星在《天工开物》中也说金沙江："回环五百余里，出金者有数截"。由于江中历代出产麸金，南宋以来干脆将它叫做"金沙江"了。明末徐霞客在他那著名的《江源考》一文中指出"推江源者必当以金沙江为首"，一反历代尊奉的经书中"岷山导江"之说，认定金沙江才是长江的正源。

金沙江在川滇边界，辗转迂回，拐了七个大弯，在宜宾市附近接纳了岷江，开始称"长江"。从四川宜宾至湖北宜昌之间，长1020公里，因流程大部分在原四川境内，所以称"川江"；在重庆以上江津县附近，长江弯曲成"几"字形，此段川江又称"几江"。川江纳入了沱江、赤水河、嘉陵江、乌江等支流，水量骤增一倍以上，浩浩荡荡，滚滚东流，冲入三峡。由于三峡两岸悬崖绝壁，滩峡相间，所以此段长江别称"峡江"。

长江过宜昌后，江面骤然展宽，进入了"极目楚天舒"的两湖平原。这段河道因流经古代的荆州地区，通名"荆江"。"长江万里长，险段在荆江"，指的就是这里。荆江全长420公里，以藕池口为界，分为上、下两段。上段称上荆江，下段称下荆江，上、下荆江水流宣泄不畅，极易溃堤、决口，因而荆江成了长江最险要的河段，也是历史上长江水患频繁的地区。

长江在岳阳、武汉接纳了洞庭湖水系和最大的支流汉江后，继续滔滔东流，流到浔阳（今江西九江市）分为九脉，故称九江；又因九江市在唐代曾置为浔阳郡，所以这段长江也称"浔阳江"。白居易《琵琶行》中"浔阳江头夜送客，枫叶荻花秋瑟瑟"，即指此。

长江在江西湖口接纳了鄱阳湖水系后，向下游流去，流经安徽省境内段称"楚江"，因安徽古时属楚国，故称。李白《望天门山》诗："天门中断楚江开，碧水东流至此回；两岸青山相对出，孤帆一片日边来。"天门山是指今安徽当涂县的东梁山与和县的西梁山，两山夹江对峙。

长江水流入江苏省境内，尤其是镇江、扬州附近时，则为驰名中外的扬子江。"扬子江"之名始于隋朝，当时，扬州城南15里的长江北岸有个重要的渡口，叫扬子津，隋炀帝驾临江都时，建造了扬子宫，将此段长江称作"扬子江"。隋炀帝时的秘书监柳䛒最早使用了"扬子江"这一称呼,他曾作过《奉和晚日扬子江应制》、《奉和晚日扬子江应教》两诗。"扬子江"一名,在唐诗中已大量出现,如刘眘虚《暮秋扬子江寄孟浩然》、卢伦《泊扬子江岸》等。继唐诗之后,宋、元、明、清各代诗文中,"扬子江"亦被大量使用,如宋杨万里《过扬子江二首》、元吴莱《风雨渡扬子江》、明王鏊《过扬子江》、清毛奇龄《早渡扬子江》等,他们所说的"扬子江"一般即指扬州城南瓜洲镇至镇江间附近的一段长江江面。镇江古称京口,所以也有把"扬子江"称"京江"的,如北宋《太平寰宇记》卷 123:"大江西南六合自县界流入,晋祖逖击楫中流自誓之所,南对丹徒之京口,旧阔四十里,谓之京江"。清冷士嵋《渡扬子津》诗:"二月轻舟去,京江两岸春",即指此。

古代的"扬子江"并不代表整个长江,只是长江在今扬州、镇江间的别称。明末清初以后,特别是鸦片战争以来,外国轮船要驶入长江沿岸各个港口,都由吴淞入口,首先经过扬子江,因此他们把"扬子江"作为整条长江的名称,"长江"的英文旧译名即为 Yangtze Kiang。自从明朝嘉靖以后,我国古籍还曾将"扬子江"写成"洋子江",外国人望文生义,竟将"洋子江"译为 Son of the Sea 或 Child of the Ocean("海洋的儿子")。民国时期,旧中国的水利部门也把"扬子江"作为整个长江的称呼,如 1935 年改置的治江机构叫"扬子江水利委员会",1937 年钟歆写的书叫《扬子江水利考》。中华人民共和国成立后，我国正式用"长江"这一名称取代了"扬子江"。

长江流经我国最大的城市上海，接纳最后一条支流黄浦江后，江面已是汪洋一片，至此她便走完了6300公里的行程，泄入东海。

2 鬼斧神工塑大江

对于长江的形成问题，华夏先民显然无暇顾及。在生产力低下、科学并不昌明的古代，我们的祖先也不可能对此得到答案。他们关心的是如何治理水患。在我国古代典籍中，有不少关于治水的记载，也流传下治水英雄的业绩。其中，有关大禹驾舟治江、鳖灵开峡的故事，便脍炙人口。

古老的长江，可追溯到距今两亿年以前的古生代三叠纪。那时我国大陆中部的地形与今日不同，是东高西低。今天长江流域西部地区被古地中海所占据，海水淹没了西藏、青海南部、川西、滇西、滇中、黔西和桂西大片地区，并延及四川盆地和鄂西，形成了一个广阔的海湾，止于巫峡和西陵峡之间。当时，这个海湾与印度洋及太平洋相通。大约在距今一亿年前的中生代侏罗纪，由于一次强烈的造山运动，形成了横断山脉，秦岭升高，古地中海大规模后退，它不仅从西藏、青海南部、川西退出，还从黔西、桂西退出，原始的云贵高原开始形成。同时，在秦岭、横断山脉、云贵高原之间形成了一个广阔的四川盆地。古地中海退出后，在横断山脉、秦岭、云贵高原间的低地里，遗留下云梦泽、巴蜀湖、西昌湖、滇池等几个大水域，它们被一条水系串联起来，从东向西由南涧海峡流入古地中海，这就是古老长江的雏形。约在7000万年前的中生代白垩纪，发生了一次燕山运动，四川盆地上升，洞庭盆地下降，湖北西部的古长江逐渐发育，积极向四川盆地溯源伸长。距今三四千万年前的喜马拉雅造山运动，使全流域地面普遍间歇上升，那时的地貌轮廓已与现在的地貌相似，流域的上游上升最烈，多形成高山、高原与峡谷；中、下游上升的幅度较小，出现丘陵与山地，其间，低洼地伴随着下沉而形成了若干平原，如两湖平原、南襄平原、鄱阳平原、苏皖平原等。与此同时，往昔溯源伸向四川盆地的古长江，已沟通四川盆地水系，又因地形变为西高东低，于是汇成了滚滚东流的巨川，演变为今日形态的长江。这便是史前长江的形成。

3 黄金航道的开拓

长江，是贯穿我国东西的大动脉，素有"黄金水道"之称。当然，其中包含的内容甚广。单就航运而言，她便价值连城。今天的长江，干支流通航里程达7万公里，约有3万公里航道可以通行机动船，宜昌以下3000公里的干流可通行轮船，万吨海轮可溯江而上直达南京。长江航道水量丰富，终年不冻，四季通航，水运量约占全国内河水运总量的80%左右。但是，今天的长江航道是数千年来我们的祖先艰辛开拓的结果。远古时代,大禹驾舟治江、鳖灵开峡的故事,也许过于神奇久远。但自先秦以来,有关长江航道的开拓,却是有史可据的。

进入奴隶社会之后,交通运输多恃水道,国都所在,必求舟楫可至,以便于诸侯朝贡、商贾贸易、行旅往来。这样,水上运输作为一个专业部门便应运而生。据成书于战国时期的《尚书·禹贡》所载,夏代已开辟经长江的梁州、荆州、扬州三条贡道。说明在奴隶社会初期,长江干支流已被有目的地开辟成航道。

到了周朝,除了贡运与商运,古航道还被用于水战。长江、汉江,湘江一线,便是当时南北交通要道。

春秋战国时期,长江航道作为军事斗争、诸侯争霸的地理条件起到十分重要的作用。例如,楚国就曾经沿长江而东和溯汉江北上,先后吞并了140多个小国,统一了江汉地区。而早在春秋时吴楚之间便经常出动舟师进行水战。两军水战所经地点均在沿江及汉江地区。战国时,疆域日益扩大的楚国,以今武汉一带为水运中心,航道通向四方。

战国时期,秦国也把水运作为统一全国的重要手段。秦灭巴蜀时(公元前316年),司马错说:"(蜀)水通于楚……浮大舶船以东向楚"(《华阳国志·蜀志》)。可见,天险三峡已被克服,当时已发展了经川江通向长江中下游的水运。因此,秦灭巴蜀后,就利用川江航运控制楚国。

春秋战国时期,为了缩短航程,或避开大江的风浪滩险，在长江流域开凿了不少人工运河。公元前486年，吴败楚、越，吴王夫差力图向北方扩张，伐齐。当时，江、淮是不相通的。因此，夫差在今扬州筑起邗城，接着就开凿邗沟，从今扬州向东北穿凿到射阳湖，再经射阳湖到今淮安注入淮河。这是接通江淮航道最早的工程之一，也是日后纵贯南北的京杭大运河的开端。

公元前250年左右，秦蜀郡太守李冰，在灌县（今都江堰市）修建了都江堰，将岷江分为内江和外江，使成都平原既获得灌溉之利，又利于舟楫水运，亦是一大工程。

秦汉时，国家的政治、经济重心仍在关中和中原地区，北方经济超过南方，但南方，特别是长江流域大部分地区也得到迅速发展。为了沟通南北，当时在长江航道开拓上也有所建树。最主要是秦代灵渠的修凿、汉代"褒斜道"工程和嘉陵江上游西汉江的航道整治。

灵渠，又称零渠或澪渠，因开凿于秦代，也名秦凿渠。由于渠内设有斗门，也称陡河，近代又称兴安运河。它位于今广西兴安县境内，是秦统一六国后，为进一步完成岭南的统一，克服五岭障碍，解决军粮运输问题，由一个名叫禄的监郡御史——通称史禄或监禄的小官主持开凿的，是一条沟通湘江和漓江的人工运河。灵渠凿通后，从今天的广州乘船可直达华北。直到明、清时，灵渠仍然"巨舫鳞次"，船只往来不绝。

秦代南北交通由于黄河中游三门峡"砥柱"之险，东南方面至北方的航运十分困难。至汉代，先在关中地区开辟改造渭河航运的漕渠；漕渠开成后，又进一步提出了"褒斜道"工程，计划用水陆转运方式，沟通汉江与渭河两大水系。所谓"褒斜道"，是沟通汉江支流褒水和渭河支流斜水的陆上运道。若此道开通，即可大大缩短巴蜀、汉中过去从"多阪回远"的"故道"至关中的距离；汉江中下游即南阳郡等地物资，可经汉江支流，溯汉江而上，至南郑褒谷口，再经褒水、褒斜道一段陆运而入斜水，下渭河抵长安。汉武帝刘彻派张汤父子率数万军民，于元狩二年至六年（公元前121年至前117年）进行施工，包括褒、斜二水等河流航道整治和陆路车道的开凿。结果，水道整治成效不大，完工后，水中仍多礁石，而且水流湍急，不能行船。但陆路终于开通。

三国、两晋、南北朝时期，封建割据政权各占一方，互相混战，滔滔大江成了战争的工具。不少著名的水上战役，如孙、刘联军大破曹军的赤壁之战，西晋灭吴之战，东晋末卢循义军攻打建康（今南京）之战……都借助于长江。从侧面反映了这一时期长江航道的畅通。其间，人工运河的开凿也进一步拓展了长江的航区。最重要的要数西晋时杨夏水道的工程。杨水是汉江支流，发源于古江陵城的西北面，距长江较近。杨口是杨水会沔水之口。所谓杨夏水道，大致是由今沙市附近，经长湖向东北到达沙洋一带入汉江，沟通江汉二水，使航程大大缩短。

这一时期,有关长江流域与黄淮流域沟通之处亦不乏史载。例如《三国志·魏书·武帝纪》载,魏军从亳县经涡河入淮,又出淝水到达合肥,便可进入巢湖水系,通长江。邗沟北段此时亦有改善。自邗沟入淮、入泗,通汴水或通济水都进入黄河。南朝出师北上,常取此道,是当时沟通江、淮、济、河南北水路交通的要道。

南朝时,经济重心逐渐南移。长江及其支流赣江、湘江、汉江是当时主要交通路线。长江下游是南朝政权的中心。这个时期,运河工程在旧有基础上不断增修扩建。

隋代统一全国,炀帝出于政治经济上的需要,修通了举世闻名的大运河。从605年至610年,经过二三百万人的努力,终于完成了这项沟通江、淮、河、海四大水系,全长1747公里的伟大工程。这是我国历史上也是世界史上规模最大的人工运河。长江流域的运河工程,主要有邗沟及江南河两处。

唐代时,长江干支流水运船只络绎不绝,既有水道与关中长安相通,也可与南方的广州相通。其间,中唐时曾疏浚过嘉陵江上游略阳以下200里的航道。

北宋时因为"国家根本,仰给东南",更加重视长江航运。当时完善或修筑的与长江干流密切相关的运河有三个系统:其一为江北运河,联系黄河、长江的汴运颍运等;其二为江南运河,联系江苏、浙江;其三为荆襄运河,联系长江、汉江。

历经隋、唐、宋近七百年的开拓,长江航线四通八达,船舶载运量一代超过一代,大江已成为封建王朝的经济大动脉。

元、明、清三代,南方经济远远超过北方,以北方为政治中心的王朝,对南方经济的依赖日益加强。为解决南粮北运问题,元代曾系统地重修大运河,但漕运始终不能畅通,后来不得不依靠海运来运输漕粮。元代曾在长江下游疏浚了练湖,使江南运河水源畅旺。还着重疏浚吴淞江、淀泖湖群和吴淞江诸大浦。在长江中游荆江河段,曾重开南北穴口6处,以利调节洪水,但元末又湮。明代航运发达,建立了以金陵(今南京)为中心的水运网,大运河经治理后广泛应用船闸,江南漕粮又改经运河运往北方,海运基本停止。

明、清时还对川江及其支流进行过多次治理,但收效不大。清代对长江整治更是无大建树。处于半殖民地半封建时期的中国,长江航行权旁落列强之手,更谈不上对长江的治理。

4. 城陵矶至江阴段河道的变迁

长江自源头至宜昌段,历史时期河道变化较小。而宜昌以下,上起枝江,下迄城陵矶,全长约400公里的荆江,是历史时期河床演变最为典型的河段。

城陵矶位于湖南岳阳市北部洞庭湖与长江汇合处。江阴在江苏南部,北滨长江。城陵矶至江阴段长江,长1160余公里,流动于间有山丘阶地的广阔的堆积平

15

原上，汉道纵横，河湾发育，属于低度分汊河道。这一河段，两岸矗立着众多的"矶"，例如，湖南的城陵矶，湖北的黄陵矶、谌家矶，江西彭泽的彭郎矶、马当矶，安徽枞阳的太子矶，马鞍山的采石矶，江苏南京的燕子矶等，大大小小有120多个。所谓"矶"，是矗立江边，如列屏障的基岩。除此以外，1000多公里的江岸还分布着众多大大小小的山丘。如蒲圻的赤壁、嘉鱼的鱼岳山、武昌的蛇山、鄂城的观音石、湖口的石钟山、南京的狮子山等。据历史记载，这些矶与山丘很早就滨临大江。由于受众多的矶与山丘的束缚，江水不可能自由摆动，江岸一直比较稳定。只是在矶头突出处，往往河床较窄，过了矶头，河床变宽，形成藕节状。

正因为长江两岸节点众多，河床时宽时窄，水流也就时急时缓。加上河水夹带泥沙较多，在矶的附近，河床狭窄，水流湍急，有束水攻沙的作用；出矶处，河床开阔，水速骤减，常导致江心洲的淤积，引起河道分汊。据统计，自下荆江以下至河口段的长江中，分布有大小江心洲120多个，汊道100余处。汊道总长达650公里，占全长的56%。当然，江心洲的形成与水流上涨时河水漫滩，以至水流动力轴线方向改变而造成的水流切滩亦有关。

古代长江江面开阔，江深水急，秦汉以前的史料有关长江江心洲的记载还很少。随着魏晋以来经济重心南移，长江流域的开发，植被破坏，水土流失，江中泥沙日益增多，史籍中有关长江沙洲的记载也就多了起来。

由于流水的变化，江心洲与汊道的消长变化在历史时期较为频繁。

第一，在疏松的粉砂质河岸，由于河水冲刷，河床展宽，江心洲淤涨，引起汊道的发展。第二，在弯道阶段，由于洪水切割边滩而形成江心洲。第三，因河流主泓道的摆动，汊道逐渐淤塞，造成江心洲并岸。第四，原来较小的几个江心洲聚合而成为一个大的江心洲，从而使汊道减少，稳定性加强。第五，由于河流主泓道的不稳定，汊道与江心洲的消长还具有交替演变的特点。

历史时期长江荆江以下河段所发生的江心洲并岸，大都是并向左岸的。它与下荆江自然裁弯通道总是在右岸切开，共同迫使长江主河漕南移。这一由左岸向右岸迁徙的总趋势，形成了左岸多宽阔的滩地，右岸矶头林立的格局。

长江中下游除去江心洲与汊道的消长以外，由于其大部分河段是流动在河岸疏松的广阔泛滥平原上，伴随着主泓道的改变，在河流的冲刷下，历史上不乏崩岸的记载，这种崩岸大多发生在九江以下的河岸。如安徽铜陵胥坝，在明正德后坍入江中；扬州的江都古城，在三国时坍入江中；瓜洲城在清光绪十年（1884年）全部坍入江中等。大规模的坍岸，大量农田和城镇被吞没。江岸边滩的淤积，使原有的码头废弃、渡口迁移；沙洲的消长，则影响航道的通行。

长江口两岸及崇明岛的演变

江阴以下，长江江面逐步开阔，向着入海口呈喇叭状展开，江阴附近江面宽仅一公里左右，而到入海口附近江面竟宽达80多公里。五六千年前，由于大海侵袭，使长江河口退到今江苏镇江、扬州一带。据计算，长江每年约有一万亿立方米的水夹带着五亿吨泥沙在河口倾吐入海。由于河口的江面宽阔，坡度极缓，江流海潮交会，大量泥沙因流速减慢和海水盐分的凝聚而沉积在河口内外，悬沙日日向下沉淤，底沙年年向外推移，发育了长江三角洲。

早在公元4世纪起，长江口南岸沙嘴已开始向东推进。由于山越被东吴征服和晋室东渡，大量山地被开发，森林遭到破坏，水土流失，加大了江中固体径流，泥沙逐渐在河口沉积。两晋时，海岸已伸展至太仓东北20公里（弘治《太仓州志》引《临海记》）。东晋成帝时，吴国所修沪渎垒有东、西二城，东城在今上海市区西北的小沙渡东，已在古冈身东约10公里左右。到了公元10世纪以前的唐代，今上海市区除杨树浦东端和复兴岛外，大都已经成陆。

宋代海岸又向东有了大幅度的增长。北宋时，海盐至松江（吴淞江）有捍海塘，长75公里（绍熙《云间志》）。南宋乾道八年（1172年），另建"起嘉定之老鹳嘴以南，抵海宁之澉浦以西"的里护塘（明朝曹印儒《海塘考》）。其塘址江口段大体上在北起今上海高桥以东，南经川沙、祝桥、南汇、大团、奉城以迄柘林一线。说明从4世纪到12世纪的八九百年间，海岸线从冈身东侧附近推向里护塘，达30多公里。

宋代以后的江岸，从里护塘向东伸展的幅度不大。主要原因是：14~18世纪，长江主泓道在崇明岛以北的北支入海，长江口南岸因泥沙沉积量不足，外涨趋缓。明万历十二年（1584年）修筑的外捍海塘，较里护塘略成弧形突出，其位置在黄家湾以南至南汇以东，但其突出在川沙东北伸展最大部分尚不足5公里。到清雍正十一年（1733年）南汇知县钦连重修，又名钦公塘。19世纪末光绪年间，又在钦公塘外增筑外圩塘，大体上相当今人民塘一线。

由于长江口南岸的伸展，不仅在位置上不尽相同，在时间上也存在着时快时慢的脉动现象，使长江口的流向大致是由西北往东南入海。同时，一切沙带、贝壳沙带、江岸、江堤、海塘亦大致由西北往东南有规则的排列。

长江北岸江口及位于江口的崇明岛，在历史时期也经历了重大的变迁。

这一变迁，与长江主泓道的南北游动有着密切的关系。在一般情况下，主泓道所经的江岸及岛岸，一侧若受江流和潮汐的影响较大时，容易发生崩坍；而另一侧由于水流较平稳，泥沙容易淤积，岸线向外延伸。由于历年来，长江的主泓道是不固定的，长江口岸段与崇明岛也就相应地发生着变化。

根据明正德《崇明县志》所载，崇明岛最早出现于唐武德年间。当时在江中有面积仅十几平方公里的东沙、西沙两个小沙洲。五代时，吴越王钱镠在西沙设崇明镇（《舆地纪胜》），崇明之名即由此而来。从11世纪开始，长江主泓道在南边，因而引起南坍北淤，南道海门的江岸向南有了较大的伸展。《崇明县志》又载，宋天圣三年（1025年），与东沙接壤处出现了"姚刘沙"；建中靖国初（1101年），在其西北25公里处，又出现了"三沙"。后来，姚刘沙及三沙岛逐渐向北淤涨。嘉定十五年（1222年）曾在姚刘沙建立过盐场。元至元十四年（1277年），改置崇明州；并在三沙岛上设三沙镇。而偏南的东、西二沙则在11世纪相继坍没。

但到公元14世纪中叶以后，由于长江主泓道改行北道，导致海门江岸大坍塌，全县只余下39顷54亩土地，不得不废县为乡。同期，姚刘沙及三沙岛北面土地也大量坍失，面积缩小，明洪武二年（1369年）崇明降州为县后完全坍没。而先后在三沙的东南出露马家浜、平洋沙及长沙。崇明县先后于嘉靖八年（1529年）迁徙于马家浜，二十九年（1550年）复迁于平洋沙，最后于万历十四年（1586年）再迁至长沙，即今日崇明县治所在（正德《崇明县志》）。后来，随着泥沙的大量沉积，各沙洲逐渐相互连接，明末清初，已达"南北长百四十余里，其东西阔四十余里"规模，初步构成了今日中国第三大岛——崇明岛的基本轮廓（《读史方舆纪要》）。

但长江主泓道很不安分，18世纪中叶以后，主流线重入南泓道，北面江岸沙洲大涨，不仅恢复了海门县，还淤出了启东地面。而1940年后，崇明岛在潮流作用下向西北方向伸展，把江流逼向北岸，又引起启东、海门两县江岸的连续崩坍。今日崇明岛北边的芦滩线正是1940年时北岸青龙港的江岸。如今崇明岛仍在向海门、启东靠拢，最窄处仅一公里半左右，河底堆积的沙洲已不断增高，已部分出露水面，有逐渐向北岸并岸之势。面积已由1954年的600多平方公里，增至如今的1083平方公里。而这仅用了30年不到的时间。而崇明岛的南岸，200年来则处于不断崩坍中。最初县城离南岸约20公里，到1949年仅剩下半公里了。后因环岛大堤的修筑，和一千多条丁字坝的兴建，才使南岸的崩坍基本上得到控制。

清代崇明岛以南"吴淞口外东面有崇宝、大小石头、鸭窝、园园、横沙"（光绪二十五年《江苏沿海图说》）。崇宝沙西距江岸七里半，光绪年间坍没。鸭窝沙（长兴沙）以及在东北的潘家沙和与鸭窝邻近的石头沙、东南的园园沙不断淤涨，终于在最近十几年相连，发展成今日的长兴岛。横沙在长兴岛之东，与鸭窝沙一样，大致在咸丰初出水，到光绪年间已发展成为东西广5公里，南北袤7.5公里的大岛。由于长江主泓道在长兴岛、横沙与长江南岸之间，因此，此两岛长期处于北涨南坍的情况，从1911年至1935年，横沙南岸倒塌了15000多亩土地（光绪《川沙县志》、民国《川沙县志》）。近年来，两岛南岸筑堤围垦，岛岸始较稳定（参见"长江口北岸和崇明岛的变迁"图）。

长江口北岸和崇明岛的变迁

二　上游激浪

各拉丹东晶莹的细流，渐渐汇成温和的沱沱河、通天河。当江水仍眷恋着高原顶部的宁静时，地形骤然突变，流水在群山丛岭中咆哮奔腾。"金沙的江"，利斧般地劈开横断山，发怒地沿着高山峡谷转向东流，过宜宾、入巴蜀，浩浩荡荡进入举世闻名的三峡。水到宜昌，正自豪地回首着那奋激的历程。

古往今来话江源

唐代伟大的诗人李白《黄鹤楼送孟浩然之广陵》诗云："故人西辞黄鹤楼，烟花三月下扬州；孤帆远影碧空尽，惟见长江天际流"，这是一幅多么雄伟壮丽的长江画卷！

俗话说，河有头，江有源，长江这条举世闻名的大川，源头究竟在哪里？殊不知，为了寻找长江源头，几千年来我国不知有多少志士仁人进行过艰苦卓绝的探索，甚至耗尽了毕生精力，在一些史籍中留下了他们的足迹。

早在战国时期,《尚书·禹贡》已经提到"岷山导江"了。这本来是说大禹治理长江,施工曾达岷山,但也包含了认为长江发源于岷山的意思,即岷江是长江的源头。《山海经·中山经》也有"岷山,江水出焉,东北流,注于海"的记述。由于《尚书·禹贡》在古代一直被列为儒家的经书,因而"岷山导江"之说影响久远。与《尚书·禹贡》同时代的《荀子·子道篇》则直接说:"江出于岷山"。然而,尽管如此,这仅仅是江源认识史上的一个开端而已。随着社会的发展,人们的社会实践为正确认识长江之源开辟了道路。

西汉武帝时通西南夷,在今四川南部和云南、贵州建立了一批郡县,人们对西南边疆地区的地理知识比以前增多了,于是发现了若水(今雅砻江)和绳水(今金沙江)。《汉书·地理志》越嶲(音xī)郡:"遂久,绳水出徼外,东至僰(音bó)道入江"。遂久在今云南宁蒗彝族自治县境内,僰道即今四川宜宾市,据此书记载的河流长度推论可知,当时已经知道金沙江远远长于岷江。但是,《尚书·禹贡》是"圣人之典",虽然发现了比岷江更长的绳水,但仍沿袭旧说,以岷江为江源。北魏郦道元在《水经注》上也说:"绳水出徼外……至大莋,与若水合,自下亦通谓之为绳水矣……又东北至僰道县,入于江",书中仍把绳水(金沙江)当成是岷江(大江)的一条支流看待。

隋唐时期,对江源的认识有了发展。据《隋书·经籍志二》记载,有"《寻江源记》一卷"、"《四海百川水源记》一卷"等书。李白《过彭蠡湖》诗中也说："余方窥石镜，兼得穷江源"，这说明汉魏至隋唐间有"寻江源"的考察活动。当时"寻江源"到了什么地方？以哪条河为长江正源？这些问题都因《寻江源记》、《四海百川水源记》的早已失传而不可知了。

唐初的攻伐吐谷浑和文成公主入藏，加强了汉、藏民族间的往来。由于入藏通道要经过今天的通天河流域，因此当时人们的认识范围已经扩展到金沙江上源了。樊绰《蛮书》卷2记载："磨些江源出吐蕃中节度西共笼川犁牛石下，故谓之犁牛河。环绕弄视川，南流过铁桥上下磨些部落，即谓之磨些江。至寻传与东泸水合。东南过会同川，总名泸水。……又东北入戎州界为马湖江，至开边县南，与朱提江合流，至戎州南城入外江。"犁牛石（山）在清代又叫乳牛山、巴萨通拉木（蒙古语"乳牛"的意思）山，即今唐古拉山，犁牛河即今金沙江上游通天河，磨些江、泸水、马湖江为当时金沙江各河段的名称，戎州治所在今四川宜宾市，外江为都江堰以下段岷江的别称。樊绰说犁牛河发源于犁牛石（山），接纳各条支流，东北流至戎州注入外江，虽尚未摆脱以岷江为江源的思想束缚，但他对泸水（犁牛河、磨些江、马湖江）河源、流向、水系的记载，大体上符合今天金沙江的状况，因而是我国第一位正确、完整认识并记载金沙江的人。

宋元时期，江源认识没有多大的进展，只是南宋末年将犁牛河、泸水改称了金沙江，《大元一统志》对金沙江的认识，并没有超出《蛮书》的范围。

明朝洪武初年，著名僧人宗泐奉使西域，返归途中经过江河源头地区，记述了江源状况，他在《望河源》诗序中说："河源出抹必力赤巴山，番人呼黄河为抹处、犁牛河为必力处，赤巴者分界也，其山西南所出之水则流入犁牛河，东北之水为河源"。当他在山中住歇饮用犁牛河水时，藏族同胞对他笑着说："汉人今饮汉水矣"。显然，宗泐是以抹必力赤巴山（今巴颜喀拉山）为金沙江与黄河的分水岭的，据此推测，他是以通天河左岸某条支流（色吾曲或楚玛尔河）为金沙江之源的。

明朝末年，著名的地理学家徐霞客克服艰难险阻，在对云南山川进行实地考察的基础上，著成了《江源考》（又名《溯江纪源》）一文，鲜明地主张把金沙江作为长江的正源。首先，他提出了"何江源短而河源长也？岂河之大更倍于江乎"的疑问，认为"计其吐纳，江既倍于河，其大固宜"；然后剖析历代在江源问题上产生错误的原因，是由于"金沙江盘折蛮僚溪峒间，水陆俱莫能溯"，而"河源屡经寻讨，故始知其远；江源无从问津，故仅宗其近"。他论证道："岷江经成都至叙（今宜宾）不及千里，金沙江经丽江、云南乌蒙至叙，共二千余里"，认为岷江汇入长江就像渭河流入黄河一样，岷江只是长江的一条支流而已，从而明确提出"推江源者，必当以金沙江为首"的著名论断。当时，著名文人钱谦益说：徐霞客论江源"能补桑经、郦注及汉宋诸儒疏解《禹贡》所未及"，评价是相当公允的。

然而，自唐宋以来，"岷山导江"的观念一直束缚着人们的头脑，涉及江源的几乎全部著述都不敢违意经书之言，如唐初徐坚的《初学记》、《宋史·河渠志五》、明嘉靖时罗洪先的《广舆图》、清初黄宗羲的《今水经》、顾祖禹的《读史方舆纪要》、全祖望《江源辩》等，不仅明确指出岷山是大江的源头，而且还提到大渡河和金沙江都是汇入长江的支流。更有甚者，徐霞客的真知灼见还受到无理的抨击，如清初胡渭在其所著《禹贡锥指·附论江源》中，就主张"顺经立义于前，而重伸其说于后"，认为"岷山导江，经（指《尚书·禹贡》）有明文，其（指徐霞客）以丽水（金沙江）为正源乎，霞客不足道"。这在江源认识史上是一个曲折、一种倒退。正如我国著名历史地理学家谭其骧先生所评价的那样："霞客所知前人无不知之，然而前人终无以金沙为江源者，以岷山导江为圣经之文，不敢轻言改易耳；霞客以真理驳圣经，敢言前人所不敢言"。徐霞客之所以受到胡渭的无端非难，正是由于他敢于正视客观实际、违背了经书上错误的记述，与胡渭的"尊圣"思想形成了鲜明的对比。

不过，根据现有的记载推测，徐霞客最远只到了云南丽江的石鼓，再也未能溯江西上，离江源还非常遥远，有待于后人的发现。

清朝康熙后期，为了编制精确的全国地图，曾多次派人探测青藏地区，包括江源在内。因此，在朝廷内府地图《皇舆全览图》上，明确标示金沙江上源为

"木鲁乌苏河"（蒙古语，"冰河"之意，据推测相当于今布曲，地当青藏大道）。不过，使臣在1720年到达江源地区时，面对密如渔网的众多河流，不知所以，只有望洋兴叹，他在奏章里写道："江源如帚，分散甚阔"，就是说那里的河流多得就像扫帚一样，千头万绪，百支千条，不知长江的源头究竟在哪里。可见，对江源地区河流的认识还是模糊的。

乾隆二十六年（1761年），地理学家齐召南著成了《水道提纲》一书。虽然齐召南在该书卷8开头就说"大江源出岷山"，但在讲到金沙江时，又说：金沙江"所合水亦与河源相近，曰雅砻江，皆曲折数千里始与马湖水会而入江，其为大江真源乎？"认为"金沙江既会雅砻，水势甚盛……源远流长，所受大水数十，小水无数，虽滩多石险，舟楫难行，其为大江上源无疑也"，一反清代文人学者普遍尊奉"岷山导江"的常规，虽然不敢驳难经书，但具有接受徐霞客江源论的倾向。齐召南在书中提到金沙江有三条源流：一条是出自巴萨通拉木山的正源木鲁乌苏河（今布曲），一条是出自巴萨通拉木山之西的喀匕乌兰木伦河（今尕尔曲），一条是出自巴萨通拉木山东南的拜都河（今冬曲）。这三条河流都分布于青藏大道附近的两侧。从书中可以看出，齐召南显然把阿克达木河（今当曲）、托克托乃乌兰木伦河（今沱沱河）和那木匕图乌兰木伦河（今楚玛尔河）都当做了支流。《水道提纲》一书证明早在18世纪中叶，中国人民对江源水系及其地理分布已经大体清楚了，只是对沱沱河和尕尔曲上源起点位置、水流、长度不甚明了。

在中国近代史上，帝国主义分子在大肆侵华的同时，也觊觎长江这块宝地，不同国籍的所谓探险家们，曾经多次踏上青藏高原。沙皇俄国军官普尔热瓦尔斯基，在1867～1885年的18年间，曾5次率领武装"探险队"窜入我国新疆、青藏地区活动，其中两次到达通天河上游。1889年和1908年，沙俄又派科兹洛夫率人两次经过柴达木盆地，翻越巴颜喀拉山，来到通天河北岸。1892年，美国人洛克希尔更深入到现在青藏公路西侧的尕尔曲。1896年，英国人韦尔伯曾到达过楚玛尔河上游的多尔改错。瑞典著名探险家斯文赫定也曾到达柴达木盆地的南缘昆仑山附近。他们虽然都已到达了江源地区，但都未能到达长江源头。

晚清及民国年间，涉及江源水系的著作虽然很多，但其详尽程度没有超出《水道提纲》的。这一阶段对江源的提法非常混乱，大致可以归纳为一源说、二源说和三源说（参见"长江江源图"）：一源说以布曲为长江正源；二源说不确定何者为正源，并提布曲（或写成"木鲁乌苏河"，实系一河）为南源、楚玛尔河为北源，也有以尕尔曲为南源、沱沱河为北源的；三源说是指中源为布曲、南源为当曲、北源为楚玛尔河，但也有以尕尔曲为南源、楚玛尔河为北源、沱沱河为中源的。1946年年初出版的《中国地理概论》是一本有代表性的著作，书中写道："长江亦名扬子江，源出青海巴颜喀拉山南麓……全长五千八百公里，为我国

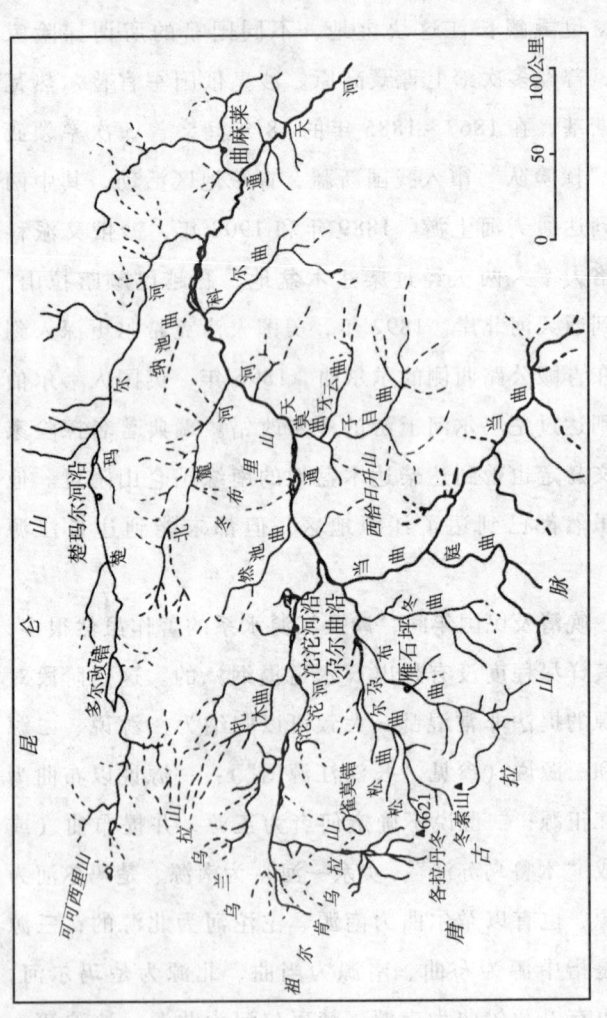

长江江源图

第一巨川。上游于青海境内有南、北两源，南源曰木鲁乌苏，北源曰楚玛尔"。既然黄河发源于巴颜喀拉山北麓，而长江又源出该山之南，于是便有"江河同源于一山"、"长江和黄河是姐妹河"之说。当时，中小学地理教科书都是这么写的，并且介绍5800公里长的长江为世界第四大河，因而谬传甚广，影响极深，以至于直到新中国成立以后，这种观念仍然盛行于世。

万里长江的真正源头究竟在哪里？直到20世纪70年代以后才揭开了这个千古之谜，纠正了历史上长期以来对江源情况的错误记述。1976年夏和1978年夏，长江流域规划办公室曾两次组织江源调查队，深入江源地区，进行了详尽的考察，结果证实：长江上源伸入青藏高原的唐古拉山和昆仑山之间，这里有大大小小十几条河流，其中较大的有三条，即楚玛尔河、沱沱河和当曲。这三条河中，楚玛尔河水量不大，冬季常常干涸，不能成为长江正源；要论流域面积和水量，都以当曲为最大；但根据"河源唯远"的原则，确定了水量比当曲小五六倍而长度比当曲还要长18公里的沱沱河为长江正源（参见下表）。沱沱河的最上源，有东、西二支，东支发源于唐古拉山主峰各拉丹冬雪山（海拔6621米）的西南侧，西支源于尕恰迪如岗雪山（海拔6513米）的西侧，东支较西支略长，故长江的最初源头应是东支。东支的上段是一条很大的冰川（姜根迪如冰川），冰川融水形成的涓涓细流，便是万里长江的开始。

长江源头河流比较

内容河流	长度（公里）	流域面积（平方公里）	平均流量（米³/秒）	说明
沱沱河	375	16949	29.4	从沱沱河与当曲汇合处到楚玛尔河口全长285公里
楚玛尔河	530	20909	8.4	
当曲	357	30219	220.6	包括尕尔曲和布曲

新华社于1978年1月13日公布了这一江源考察的新成果："长江究竟有多长？源头在哪里？经长江流域规划办公室组织查勘的结果表明：长江的源头不在巴颜喀拉山南麓，而是在唐古拉山主峰各拉丹冬雪山西南侧的沱沱河；长江全长不止5800公里，而是6300公里，比美国的密西西比河还要长，仅次于南美洲的亚马孙河和非洲的尼罗河。"第二天，美联社从日本东京发了一则电讯："长江取代了密西西比河，成了世界第三长的河流"。

金沙江畔

金沙江还在青藏高原的通天河段时，水流清澈，缓缓地在绿草如茵的原野上流淌，是那样的平静、温和、柔顺；可是，当它进入川藏之间的山原之后，突然变得狂放不羁，像一条狂怒的巨龙，要挣脱群山的封锁，在深山峡谷中夺路前进。

金沙江流经的川、藏、滇交界地区，是我国著名的横断山区。我国的山脉,大多呈东西走向,而横断山脉则是一系列南北走向的高大山岭,海拔都在2000~6000米以上,群山绵亘,气势磅礴,众多的高峰终年积雪,银装素裹,分外妖娆。金沙江强烈深切,河谷与山岭之间的高差,一般都在两三千米,从江面仰望山顶,峰高连天,从山巅俯视江流,细如银线,所以人们用"上山入云间,下山到河边,两山能对话,握手得一天"来形容这里的地理特点。由于这种南北走向,起伏悬殊的地形阻隔了东西之间的交通,所以被称为横断山脉。

金沙江自北向南奔腾在横断山区,到了云南丽江县西的石鼓镇,突然来了个一百多度的大转弯,由东南折向东北,至水落河口(三江口)又转向南流,直到金江街附近才又向东奔去,这一长达370公里的A字形弯道,就是著名的"万里长江第一弯",直线距离只有36公里!由于它弯得奇特,很早就引起了人们的兴趣。世世代代居住在这里的纳西族人,流传着这样一个动听的神话故事:金沙江、怒江、澜沧江是三姐妹,她们一起在崇山峻岭中欢跃漫游,大姐、二姐一直向南去大海,唯独能歌善舞的三妹金沙姑娘向往东海,因而她到了石鼓,就突然独自改变方向,朝东流去,不料刚离石鼓不远,就被玉龙和哈巴兄弟挡住去路,他们决意不让金沙姑娘东去,约定轮班看守,要把金沙姑娘拦阻在脚下。路给堵了,怎么办?聪明的金沙姑娘想起哈巴(纳西语中是"蠢笨"的意思)有爱打瞌睡的毛病,便唱起了一支又一支歌曲。轻柔的歌声使哈巴听得入了迷，不久果然睡着了，金沙姑娘便乘机从他们的脚下冲了过去。现在虎跳峡中的18个陡坎，就是金沙姑娘唱的18首歌；虎跳峡尾部的三个大滩，就是金沙姑娘三声胜利的大笑。玉龙一觉醒来，见哈巴放走了金沙姑娘，一怒之下，挥剑砍掉了哈巴的脑袋，所以如今的哈巴雪山就没有山峰了，一直光秃秃地躺在那里。

当然，神话并非史实。据地质学家研究，金沙江原来是和怒江、澜沧江并行南流，经石鼓以南的漾鼻江汇入澜沧江入海的。后来，由于长江的溯源侵蚀，源头不断向上伸展，终于把金沙江袭夺过来，变成了长江的上游，而漾鼻江则日渐萎缩，成了断头河。

在石鼓镇前临江的山崖上，有一块凿成石鼓形的汉白玉碑，相传当年诸葛亮南征时曾在此擂鼓助战。金沙江过石鼓就奔入世上罕见的虎跳峡，峡东岸是海拔5596米的玉龙雪山，西岸为海拔5396米的哈巴雪山，这就是纳西族民间传说中的那两兄弟。这两座对峙耸立的雪山高插云天，两岸悬崖陡壁，俨如刀削，金沙江从峡中呼啸而过，最窄处江面只有30米，相传老虎可以跳过去，故名"虎跳峡"。

绕过玉龙雪山，金沙江南下受鸡足山之阻而折向东去。鸡足山位于云南宾川县西北，北距金沙江20多公里。传说释迦牟尼大弟子饮光迦叶，风尘仆仆来到这里，他看见此山背西北而面东南，合掌曰："此山真像鸡足，"于是鸡足山的名字就传了下来，饮光迦叶也就成了鸡足山第一代僧祖。明末大旅行家徐霞客两次遨游此山，还编了一部《鸡足山志》。唐时佛教已传入山中，明清佛事大盛，香火缭绕，最盛时有36寺、72庵，和尚尼姑5000人，因而也有人将它称作我国第五大佛教名山。如今，山中的奇峰、异洞、深涧、幽潭、飞瀑、温泉，已与大量的寺庙建筑祝圣寺、金顶寺、铜瓦殿、太子阁等构成了一片长、宽数十公里的旅游胜地。

金沙江继续东流，在今四川攀枝花市接纳了雅砻江后，急转南下，至云南元谋县北才又转向东去。元谋县位于滇中高原的一个盆地上，盆地南北长约20公里，东西宽约7公里。远在第四纪之初，这里是一个大湖泊，后来由于地壳变动，又经历了几次冰川活动，才形成了今天的样子。由于这里地处亚热带，气候燥热，被称为"天然温室"，很适宜于农作物和动物的生长，因而很早就孕育了人类。1926年，人们在这里发现了龙街新石器时代遗址和后来被命名为"云南马"的化石，引起了中外考古学家注目。1965年5月，考古工作者在该县大那乌村发现了两颗古人类牙齿化石，据鉴定这两颗人齿同属于一个男性的左、右内侧门齿，形态特征和北京猿人相似，但略大一些，又显得粗糙，人们据此推断它比北京猿人更早、更原始，后来采用古地磁法测定其绝对年代为距今170万年前，是迄今为止我国发现的最早的直立人化石，定名为"元谋猿人"，这个遗址被列为全国重点文物保护单位。令人惊叹的是，在1973年的发掘中，考古工作者们还找到了大量明显可见的炭屑，小的像芝麻，大的比黄豆还大，分布面积较广，而且上、下达数层之多；同时，有炭屑的地方就有动物化石，有动物化石的地方都伴有炭屑，看来这些炭屑很可能是人类祖先烧烤食物的痕迹，因而"元谋猿人"很可能是世界上第一批会用火的人。火是人类征服自然的武器，能给人类带来温暖和光明。在云南地区的彝、白、纳西、哈尼等少数民族，至今还保存着火把节（夏历六月二十四日、二十五日）的风俗。这一天，他们用树叶、松皮扎成火把，唱歌跳舞，通宵达旦，这也许是对我们祖先学会用火、人工取火这一伟大创举的一种怀念吧。

水过元谋县，金沙江滔滔东流，接纳了小江以后，又奔腾北去。小江全长只有百把公里，恐怕是长江成千上万条支流中最小的一条支流，但却以泥石流著称于世。小江东侧的云南东川市，向有"铜都"之称，出产铜矿的牯牛寨山区地处北纬二十五六度的低纬度地带，相对高度大，气候"十里不同天"、"一山有四季"，适宜于多种乔木林及灌木丛生长，林深叶茂，绿茵成海。但是，自清初开发铜矿以来，四方客民竞相来牯牛寨办厂炼铜，因无煤矿，就以木材为燃料，山上的树木就遭了殃。若以平均每炼一斤铜需10斤干柴计，自雍正至民国200年间共产粗铜91万吨（最高年产铜达6000吨），至少烧掉木炭900万吨。这么多的木炭都来自本地山区，因而山区出现了炭棚、白炭山、薪炭窑、双仓窑、百马窑、大窑、中窑、小窑、炼山坡、官窑、公窑、平窑、凹窑等一批表示伐木烧炭的地名。大量烧炭致使环境遭受破坏，出现了滑脚坡、光头、旱龙潭、光龙角、乱山、跨山这样的地名。令人痛心的是，环境的破坏终于引发了泥石流，流经牯牛寨山区的小江成了我国著名的泥石流区，小江沿岸的支流，频频发生泥石流，特别是蒋家沟泥石流，爆发频繁，规模巨大，国内罕见，世上少有，每年爆发10～30次。规模最大的泥石流总量达137万立方米。最大瞬时"龙头"流量高达2400立方米/秒，多次阻断小江，堵塞河道，以致洪水泛滥，淹没农田、房屋，给人民生命财产造成极大危害。人类破坏生态平衡，最后自食苦果，这样的教训不能不说是非常深刻的。

金沙江古称泸水，诸葛亮在《出师表》中所说"五月渡泸，深入不毛"，渡过的就是攀枝花市以下至宜宾段金沙江。1935年3月，遵义会议后的中央红军运用灵活机动的战术，向西挺进云南。蒋介石生怕红军进入云南会渡过金沙江北上，立即调兵遣将，命令国民党驻军严守金沙江防线，控制全部大小渡口，并把所有船只掳到北岸凿沉烧掉。4月底，红军虚晃一招，乘敌人后方空虚之机，直逼云南省城昆明，敌人急忙火速驰援省城，红军却掉头北上，来到金沙江边的皎平渡，出奇制胜地俘获了敌方的两条侦察船，悄悄地消灭了驻守在对岸的四川军阀的一个排的兵力，几万红军依靠先后搜获的7条小船（每船只能载10～30人），从5月1日深夜起，奋战9个昼夜，全部、安全、顺利地渡过江去。5月10日，追赶红军的敌人赶到江边，船只已被烧毁，红军早已远走高飞了，敌人只能望"江"兴叹。从此，红军跳出了数十万敌人围追堵截的圈子,而蒋介石想要"朱毛做第二个石达开"的美梦也就彻底破灭了。"金沙水拍云崖暖,大渡桥横铁索寒",毛泽东在《七律·长征》诗中写下的不朽名句,高度概括了红军巧渡金沙江这一惊心动魄的场面。

3 岷江两岸

黄浊的金沙江和碧绿的岷江这两条水量不相上下的巨流,在四川宜宾附近汇合成长江。岷江是长江最大的支流之一,水量相当于黄河的两倍多,难怪古代一直把它误为长江的正源;直到明末徐霞客才指出:金沙江应是长江的主流。有趣的是,作为岷江干流的乐山市以上段岷江,无论从长度、年径流量还是流域面积来说,都远不及它的支流大渡河,只是大渡河也像金沙江一样,穿行在万山丛中,不为人们所了解,于是也习惯地把它当做岷江的支流了。大渡河古称若水,前面提到的雅砻江古称沫水,出生在大渡河下游西岸沙湾镇的现代杰出史学家郭沫若,即取此二水古称为名。

《禹贡》:"岷山导江"。岷江发源于四川松潘以北与甘肃交界处的岷山南麓,由于它历代被认为是长江正流,长期以来的正名叫"江水"或"大江","岷江"只是别名。只是到了近代,"岷江"才成为正名。岷江向南流去,夹行在邛崃山与茶坪山之间,被青城山挡住去路,只好东行,至灌县(今为都江堰市)复往南流。奔腾在岷山脚下的岷江,山高水急,一旦进入成都平原，水流速度骤然减小，夹带的泥沙大量沉积，淤塞了河道；雨季水涨时易泛滥成灾，雨水不足时又会造成干旱。秦国昭襄王时（约公元前256年至前251年），蜀郡太守李冰及其儿子在前人治水的基础上，依靠当地人民群众，在岷江出山流入平原的节点灌县，建造了都江堰这一防洪、灌溉、航运兼备的综合性水利工程。后人为了纪念李冰父子，特地修建了一座二王庙。

都江堰，秦汉时的名称已失传，晋、北魏时称湔堰、湔堋、金堤、都安大堰，唐代称楗尾堰，宋朝时才叫都江堰。经过两千多年来的不断扩建和维修，才形成现在的规模。都江堰的主要设施，沿江自上而下有百丈堤、分水鱼嘴、金刚堤、飞沙堰、人字堤和宝瓶口。这些工程主要用于分水，溢流兼有护岸的作用（参见"都江堰"图）。

分水工程包括分水鱼嘴、金刚堤、宝瓶口。鱼嘴是修筑在岷江干流的分水堰，因堰的尖端形状如同鱼嘴，所以叫分水鱼嘴；又因它是都江堰的起点，因而也叫都江鱼嘴，它把滚滚而来的岷江水一分为二：西侧为外江，就是岷江的正流，作为泄洪河道，东侧为内江，是灌溉河道。沿鱼嘴和内、外二江建造了内、外金刚堤。正是由于鱼嘴和金刚堤的分水作用，才能引水进入地势较高的宝瓶口。宝瓶口左面是玉垒山，右面是离堆，古代所谓凿离堆，就是开宝瓶口，口宽约20米，形似瓶颈，故名。洪水期可起自然控制作用。宝瓶口左岸岩石上刻有水则，观测内江水位，内

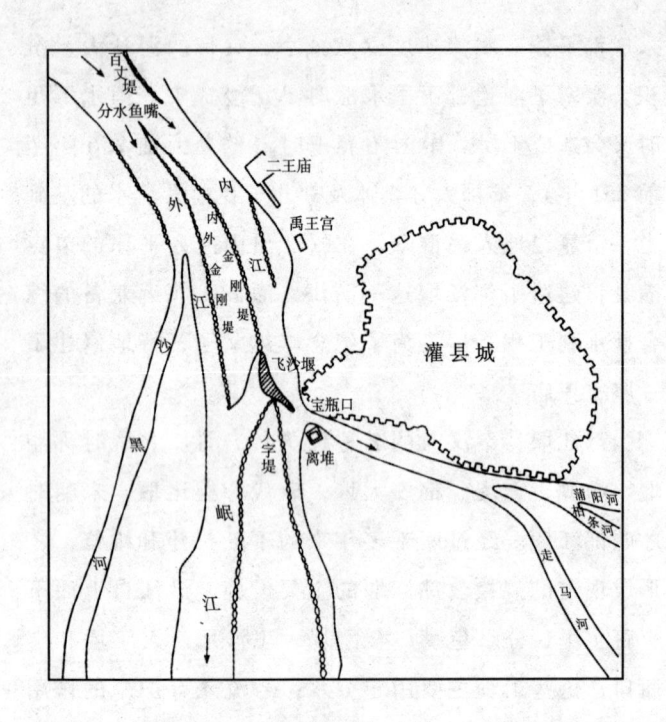

都江堰

外二江的分水原则俗称"四六分"：春季插秧时节内江占六成，外江占四成；洪水季节变为"外六内四"。

溢流工程包括飞沙堰、人字堤。飞沙堰，唐代叫侍郎堰，位于内金刚堤的下端，今堰长约270米。堰的高度可根据内江用水量的多少决定，当宝瓶口水位超过一定高度时，堰顶开始向外江溢流。人字堤在宝瓶口右侧的江心，上接飞沙堰；当宝瓶口出现更高的洪水位时，堤顶也向外江溢流。至于位于上游的百丈堤，其作用在引导水流和防护江岸。

都江堰灌区分内江、外江两个部分。灌区以灌县为起点，东南至成都约60公里，而两地高差达300米，所以引水灌溉非常方便，逐渐形成了一个扇形的灌溉网络。内江水系有走马河、柏条河、蒲阳河3条主干渠，外江水系有沙黑河等6条干渠，内江灌区略大于外江灌区，当时就已浇灌着成都平原300万亩农田，使沃野千里的成都平原成为"水旱从人、不知饥馑、时无荒年"的"天府之国"（《华阳国志·蜀志》）。

都江堰这一伟大的水利工程，自兴建以来两千多年间经历代修治，至今不废。中华人民共和国成立后，它已被改造成现代化的永久性工程，灌溉面积已扩大到近30个市县的800万亩良田。也许是因为岷江给四川带来了"天府之国"的美名，强化了人们对岷江的印象，古代的人们才使它居于长江干流的地位。

位于都江堰西南16公里处的青城山，本名清城山，唐开元十八年（730年）去水旁为青城山，因林木幽深，青翠常绿，诸峰环绕，状若城郭，故名。又据传说黄帝曾封青城山为五岳丈人，故又有"丈人山"之称。东汉时，五斗米道创始人张道陵曾在此修炼，所以道家称此山为"第五洞天"。北宋时，王小波、李顺于此举行过起义。明清以来，青城山最盛时曾有宫观70余座、景点100多处。唐代大诗人杜甫在《丈人山》诗中赞美道："自为青城客，不睡青城地；为爱丈人山，丹梯近幽意。"在四川，所谓道家居青城、佛家占峨眉，同负盛名，人称："峨眉天下秀"、"青城天下幽"。

如果把都江堰灌溉水系比喻为一张网兜的话，那么彭山县的江口镇就是这个网兜兜底的一个结扣，内、外江水系在这里汇合。岷江在此继续南下，滋润着两岸的沃土，著名的北宋文学家苏洵（老苏）、苏轼（大苏）、苏辙（小苏）父子的故乡就在岷江西岸的眉山县。唐宋八大家中，苏氏就占了三家，其中以大苏的成就最高。在眉山县城的西南角，原三苏故居于明洪武元年（1368年）改建为三苏祠，以纪念这三位在中国文学史上具有举足轻重地位的苏氏父子。三苏祠明末坍毁，清康熙四年（1665年）重建，有三苏塑像，陈列着宋元以来三苏著作的各种版本，以及三苏各式手迹碑帖。

岷江南过嘉州小三峡（犁头峡、背峨峡、平羌峡），流至乐山市接纳了大渡河、青衣江。青衣江古称平羌江，李白24岁时，写了一首脍炙人口的《峨眉山月歌》：

峨眉山月半轮秋，影入平羌江水流；
夜发清溪向三峡，思君不见下渝州。

青衣江流经峨眉山北，难怪山影能倒映在水中。峨眉山位于乐山市西30多公里，与山西五台山、浙江普陀山、安徽九华山并称为我国四大佛教名山。它包括大峨、二峨、三峨、四峨四座大山，通常所说的峨眉山指的是大峨，李白曾用"蜀国多仙山，峨眉貌难匹"来赞美它。"峨眉"之名，最早见于西晋左思《蜀都赋》中。北魏郦道元在《水经注》中写道："去成都千里，秋日澄清，望见两山相对如娥眉焉"，是说大峨、二峨两山相对，犹如美女的一对修长而美丽的眉毛，山因此得名；或说：峨言其高，眉言其秀，南宋范成大曾说："峨眉秀色甲天下"。此地东汉时有道教活动，佛教是晋初传上山的，后被尊为普贤菩萨道场。唐宋时期，两教并存。明代中叶，道教式微，佛教日盛，明清是峨眉山佛教鼎盛时期，拥有大小寺院近百座，著名的有报国寺、伏虎寺、千佛禅院、洗象池、金顶等。金顶海拔3099米，是峨眉山最高峰，400多年前，在这山巅建造了一座华藏寺，铜瓦在日照下闪耀着金色的光芒，所以叫金顶。只可惜，1890年的一场大火，将寺院化为灰烬。如今虽然见不到金色的屋顶，却常有"佛光"奇观。每当风静日朗的下午时分，游人从金顶下望，可见五彩光环浮于云际，自己的身影置于光环之中，这是太阳光透过水蒸气折射形成的自然现象，古人不懂这种光学原理，因而解释为菩萨佛光，为这座佛教名山增添了无限的神秘色彩。

当然，岷江沿岸的风景名胜，最壮观的莫过于乐山大佛了。大佛位于乐山市南岷江东岸的凌云山西壁，栖鸾峰断崖处凿成的一尊弥勒坐像，故又名凌云大佛。根据《嘉州凌云寺大佛像》记载，大佛为唐开元元年（713年）名僧海通创建。海通因为看到山前江水奔腾，时常翻船，便倡议凿山为佛，以镇水妖。后经剑南西川节度使韦皋于贞元十九年（803年）完成，前后工程进行了90年。顶天立地的大佛头部与山顶齐，脚踩岷江，背靠陡壁，面临岷江、青衣江、大渡河汇合的滚滚激流,双手护膝而坐,雍容大度,气魄雄伟。通高71米,其中头高14.7米,头宽10米,肩宽2.8米,眼长3.3米,鼻长5.6米,耳长7米,头上共有发髻1200个,耳朵中间可并立2人,头顶上可置一大圆桌,普通人身高还不及它的一个脚趾,它的脚背上可容上百人聚会,是世界上最大的石刻佛像,所以俗称:"山是一尊佛、佛是一座山"。大佛凿成后通身彩绘,原来建有13层楼阁,叫大像阁,宋时改名天宁阁,明末毁于战火。大佛身后,古人还搞了一套完整的、符合科学原理的排水体系。如此庞然大物,经历千百年之风雨剥蚀而依然如故,这在世界艺术宝库中也是罕见的。1986年,我国测绘专家曾对大佛进行精确的测量,结论是大佛从头到脚高58.7米,于是产生了乐山大佛矮了12米的说法,但文物界认为乐山大佛的身高应该包括现已不复存在的莲花宝座在内。

4 天府骄子:成都

成都位于四川盆地的西北部,是镶嵌在天府之国的一颗明珠。秦汉以来,它一直是西南地区政治、经济和文化的中心,至今仍是四川省省会。自公元前311年筑城以来,成都的名称和城址都没有变化,这在我国城市发展史上也是绝无仅有的。

从地图上看,四川的主体是一个被群山包围的丘陵盆地,即使在地势相对低缓的盆地中部,地面相对高差仍有几十米,唯盆地的西北有一片约8000平方公里的平川,这就是西南地区面积最大、经济最为富饶、孕育成都这座城市的母亲——川西平原,也叫成都平原。早在春秋、战国时期,蜀人就在这里开垦种植,发展灌溉,在广都、新都、郫县、成都等地相继出现了最早的城邑,成都也就成为蜀国的都城。之所以取名成都,据《太平寰宇记》载:"以周太王从梁山止岐山,一年成邑,二年成都,因名之曰'成都'。"

公元前316年,秦惠文王消灭了蜀国,设置蜀郡,选定成都为郡治,五年后派张仪到此,在蜀国旧城的基础上,完全仿照秦都咸阳的模式,修建了一座城周为12里、墙高7丈的"张仪城"。相传筑城时,城墙屡筑屡崩,建不起来,忽然有只大神龟从江中爬出来,于是沿着龟爬行的路线修筑,才建好了城墙,所以张仪城又叫龟城。城分东、西两部分,东为大城,是蜀郡太守的官廨所在地;西为少城,是主要的商业、居民区,设有盐、铁等商务管理机构。后来,李冰父子领导川西人民兴建了都江堰,成都平原吸吮着岷江的甘泉,发展成为沃野千里的天府之国,这就为成都的繁荣和稳定发展奠定了重要基础。从此,成都成为四川乃至西南地区的政治经济文化中心,历代皆为郡、州、路、省一级政区的治所。

西汉时,成都有18个城门,其中最著名的是少城西门宣明门。相传张仪沿龟迹筑城时,城势稍偏,故作门楼以定南北,高达百尺,人称张仪楼,又称白菟楼。这个门楼直到唐朝仍然屹立,诗人岑参《登张仪楼》描绘道:"传是秦时楼,巍巍至今在;楼南两江水,千古长不改。"东汉时,在城南建有锦官城和东官城,分别主管丝织业和车器制作。锦官城的官署设在南门外,目的在于把织锦业的官奴和工匠集中在一起,便于监督管理,为了防止他们私带锦缎逃跑,官府又在织锦作坊和工匠的驻地周围建造围墙,类似一座城堡,所以称锦官城;流经城南的府河,就被称作了锦江。因成都的蜀锦名闻天下,畅销全国,久盛不衰,在国内外一直享有盛誉,人们就把成都称为锦官城了,简称锦城。大诗人杜甫《春夜喜雨》:"晓看红湿处,花重锦官城",描写的就是这里。至于东官城,对外影响不大,知名度小,久而久之就无人提起了。

"天下未乱蜀先乱,天下已治蜀未治",四川在历史上是一个中原地区一有动乱便要割据、独立,天下接近统一它才最后取消割据的区域;而每个割据政权均以成都为国都,如公孙述的成家(公元23~26年)、刘备的蜀汉(221~263年)、李特李雄父子的成汉(304~347年)、谯纵的蜀(405~413年)、王建的前蜀(907~925年)、孟知祥的后蜀(934~965年)、李顺的大蜀(994~995年)、明末张献忠的大西政权(1644~1646年)等。大唐天子唐玄宗和唐僖宗,则因安史之乱和黄巢起义而被迫逃离长安,均避难于成都,为此还将成都置为南京。

从西汉到六朝,成都的经济和人口都有长足的进展。西汉末年,成都县人口7.6万户,折合35万口,是仅次于首都长安的全国第二大城市;东汉时人口增至9.6万户,集中了川西平原全部人口的30%,西晋时这一比例上升到60%。人口的发展，促使城垣规模不断扩大，因而无论是统一王朝还是割据政权，历来对成都城皆有扩建或重建。李特在少城之北三里许，建有赤涂城。公元347年，东晋桓温灭李氏"成汉"，焚毁了少城。至隋文帝时，蜀王杨秀在秦少城的基础上建王府、筑新城，向西、南两面扩展了许多。唐太宗时分成都县置蜀县（后改名华阳县）。唐末，因张仪城城垣颓废，西川节度使高骈进行了扩建，城周25里，墙高2丈多，开有10个城门，称为罗城，又称太玄城。从此，罗城便代替了张仪城（秦城），称为唐城。公元927年，后蜀孟知祥在唐城的外围筑重城，周42里，墙高1丈7尺，开9个城门，称羊马城。孟知祥第三子孟昶在位时，扩建罗城，命令在城垣上遍植芙蓉，到了秋季，盛开的花朵把整座城市变成为一个美丽的大花环，从此成都又有了"芙蓉城"的别称，简称"蓉"。两宋、元、明、清时期修缮的是罗城，明初于城中筑蜀王宫府，俗称皇城。清康熙初重修罗城城垣，高10米，周长22里，东西9里多，南北近8里；康熙五十七年（1718年）又辟西南隅为满城，周围4里，开有5个门，专供八旗兵卒驻防，民国时称此为少城。经过扩建的成都城，比原张仪城更为壮阔，有"金城石郭"之称。

唐朝时，成都在全国经济上具有举足轻重的地位，除了依靠大运河起家的扬州外，其他城市很难与之匹比。李白在《上皇西巡南京歌》中写道："九天开出一成都，万户千门入画图；草树云山如锦绣，秦川得及此间无"，意思是说连关中秦川也不及成都繁华。杜甫诗中有"城中十万户"之咏，约合58万人口，城市人口已占当时成都全府16个县的70%！难怪到了宋代，人们还说"扬一益二"，意思是说扬州第一、益州（成都）仅居其次。

作为我国著名的文化古城，成都也是一座四季常绿的城市，名胜古迹遍布各处，著名的有万里桥、武侯祠、杜甫草堂、青羊宫、文殊院、昭觉寺、王建墓等。

自李冰凿离堆、开两江后，成都始有郫江、检江，这两条河流经过城南，江宽水深，可通舟楫。两江之间有桥七座，其中最著名的是万里桥（今南门大桥），是古时乘舟东航的起点，从这里乘舟而下，可至江陵、安庆乃至金陵（今南京市）、扬州。三国时，蜀汉费祎（音 yī）出使东吴，诸葛亮为他饯行于此，费祎叹曰："万里之行，始于此桥"，故名万里桥。唐代著名女诗人薛涛，就住在万里桥附近，自称"万里桥边女校书"。为了便于作诗，她制作了一种深红色的诗笺，深受人们喜爱，称"薛涛笺"。明初，蜀王府取城东南玉女津（今在望江公园内）之水仿制薛涛笺，后人误把玉女津当做是当年薛涛汲水制笺的旧迹，将它称为"薛涛井"，井旁还有清康熙三年（1664年）所刻的"薛涛井"石碑呢！

位于成都西南郊的武侯祠，是纪念蜀汉丞相诸葛亮的祠堂，因为诸葛亮生前为武乡侯，死后被封为忠武侯，故名。诸葛亮为了振兴蜀汉、统一全国，曾六出祁山，虽壮志未酬，但"鞠躬尽瘁、死而后已"的奋斗精神一直为后人崇敬和怀念。杜甫为此写了一首《蜀相》诗：

> 蜀相祠堂何处寻？锦官城外柏森森；
> 映阶碧草自春色，隔叶黄鹂空好音；
> 三顾频繁天下计，两朝开济老臣心；
> 出师未捷身先死，长使英雄泪满襟。

这首诗的感染力是非常强烈的，以至于北宋宗泽抗金，临终前还念着此诗的最后两句，含恨而去。

唐朝乾元二年（759 年）冬，大诗人杜甫因避安史之乱而来成都，寓居四年，并在西郊浣花溪畔营建了一座草堂，《茅屋为秋风所破歌》写的就是这所居处，从中可知杜甫在成都的生活是很清苦的。杜诗流传至今尚有 1400 多首，其中有 247 首是在浣花溪畔写下的。为纪念杜甫，五代前蜀词人韦庄在旧址重建了茅屋，北宋元丰年间又改建为工部祠堂（杜甫曾为工部员外郎，人称杜工部），后经历代扩建，奠定了现在杜甫草堂的规模，今已辟为草堂公园。

5 奇特的悬棺葬

金沙江与岷江汇合成长江后，接纳的第一条较大支流便是四川宜宾地区的南广河。南广河的上游，四川珙县城南有个叫麻塘坝的地方，这里的山并不高，但是悬崖峭壁处处可见。

地球上的悬崖峭壁多的是，然而这儿的峭壁上却悬挂着许多的棺材，不能不说是件稀罕的事，人们把这些棺材叫"僰（音 bó）人悬棺"。所谓"僰人"是古代生活在我国西南川、滇、黔三省交界地带的一个少数民族，最早见于《吕氏春秋》记载，春秋战国时有僰侯国，秦代修筑了通往西南地区的五尺道，汉武帝建元六年（公元前135年）更遣唐蒙发动巴蜀人民开凿山道两千余里，征服僰人，置为僰道（当时政区制度以少数民族聚居区设"道"，相当于县级），为犍（音 qián）为郡治；南朝梁时改为僰道县，为戎州治；北宋政和四年（1114年）改为宜宾县，1957年置宜宾市。宜宾是中国名酒"五粮液"的故乡。据研究，秦汉时期的僰人就是魏晋南北朝时的濮人，僰为濮的异写，也就是唐宋时代的僚人；也有人认为今天傣族或白族就是古代僰人的后裔。

"悬棺"一词最早见于南朝梁、陈之际学者顾野王所记。悬棺葬是一种将死者遗体放入棺内再置于悬崖上使之风化的葬法。据《四川通志》记载，珙县有座棺木山，"昔为僰蛮所居，尝于崖端凿石拯钉，置棺其上，以为吉"。1974年，四川省博物馆会同珙县有关单位曾在麻塘坝共同清理过十具棺材，他们从悬棺中发现两只青花瓷器，经鉴定是明朝正德、嘉靖年间景德镇的产品。由此推算，其中有些棺材已经在空中足足悬挂400多年了。邻近麻塘坝的兴文县苏麻湾高崖壁立，也布满了层层悬棺，约有50多具，蔚为奇观。另外，重庆直辖市境内长江沿岸的黔江市东南官渡峡、奉节县东的风箱峡也都有悬棺。

这些悬棺都是用质地坚硬的整木雕凿而成的，或为船形，或为长方形，其安置方法大致有三种：一是在峭壁上凿孔，把木桩打入孔内，然后把棺材横放在木桩上；二是把棺材安放在露天的天然岩洞里；三是在较浅的山洞（或是人工开凿的浅洞），把棺材的一半插入洞内，一半留在外头。这些悬棺多半离地面25～50米，有的竟高达百米以上。

为什么僰人不像中原人民一样把棺材埋入土里，而偏要高高地悬挂在空中？也就是说，悬棺葬要耗费很大的人力物力，是什么观念支配了他们这么做的？比较基本的看法是，僰人长期山行水处，自然环境决定了他们的生活环境和生活习性，也在他们的观念意识中得到折射。悬棺一般放在靠山临水的位置，棺形也有作船形的，这表明亡灵对山水的依恋和寄托之情。把棺木放得很高，可以防潮保尸，也可以防止人兽的侵扰，但其中的观念成分还是主要的。唐代张鷟（音zhuó）在其所著《朝野佥载》中说，五溪蛮父母死后，置棺木"弥高者认以为至孝"，以致形成争相高挂棺木的习俗。元代李京《云南志略》载土僚人死后，悬棺"以先坠为吉"。

今天，我们把架设高压电线叫高空作业。远在千百年前，人们要把死沉死沉的棺材搬到悬崖峭壁上，论难度、论高度，不亚于高空作业。当时到底用什么巧妙手段把这些棺材搬到这么高的地方的？人们对此猜测纷纭，甚至蒙上了一层神秘色彩，因而也有把悬棺叫"仙人柜"，把悬棺葬山岩叫"神仙岩"的。最普遍的猜测是栈道说、吊装说和下悬法。栈道说者认为，在山崖上凿口子、铺设栈道，然后把棺材悬放在半山腰，或推入自然山洞内，葬完后撤去栈道。吊装论者认为棺材是由下往上吊装上去的，很可能使用了某种原始的机械。这两种说法，既有合理的成分，也有难以服人的地方。

由于古代悬棺葬盛行于长江以南的丘陵山地，1973年福建武夷山非法盗棺的犯罪行为也许给悬棺葬程序做了最好的注脚。该年9月，有两个盗棺人买了数百斤粗铁丝，制成软梯，上端紧绑在岩顶的大树根部，一人把风，一人顺梯下到岩洞，因岩洞深凹，他运足了气，荡起秋千，把身体晃进"仙洞"，撬开"金棺"取宝，锯棺三截，然后攀梯而上，结果被依法判刑。僰人也许就像盗棺人的做法一样，从上缒下几个"葬礼先行官"，在洞口预先架设数尺栈道，部落人在山顶将装殓死者的棺材缓缓吊坠而下，先搁在栈道上，再由"先行官"推入洞中，因为有的洞穴深度不够，所以有些悬棺的小部分还露在外头。这种猜测，可以叫"下悬法"，是目前最为合理的解释。

传说，明朝万历初年，僰人阿大、阿二、阿三各据一寨，自称都督，反抗朝廷，僰人民众纷纷响应，设十个营垒与明军对阵。传说阿大领兵至兴文县，见山川秀丽，乘兴猛踩一脚，留下了一个巨大的脚印，故名脚板岩；又说阿大面对成群的明军，一怒之下踩翻一锅牛肉汤,顺山流入河中,以致河水浑浊,乃名"泼浑河"。这场战争,不屑说以明军的大获全胜而告终,从此,僰人作为一个民族再也找不到了,但珙县境内至今仍有僰乡坳、僰川沟、僰人坡、僰人寨等地名;悬棺葬的习俗也退出了中国大陆,但台湾高山族阿美人至今仍存此俗。

虽然僰人像飞鹰掠过大地一样消逝了,可是悬棺犹在,长江依然向东流去,流经"泸州大曲"产地泸州市后,不久便到了山城重庆。

6 山城重庆

长江在进入三峡以前,流经四川盆地的两岸有许多重要的沿江城市。这些城市有一个共同的特点,就是绝大多数位于长江支流的汇入口,如雅砻江口的攀枝花市、岷江口的宜宾市、沱江口的泸州市、赤水河口的合江县、嘉陵江口的重庆市、乌江口的涪陵等。在铁路和公路未通以前,四川盆地的交通很大程度上依靠舟楫往来。这样,两江汇合处的地理位置的优越性就充分地体现了出来。由于它们分别是各条支流通往干流的门户,自然而然地就从港口发展成为地方的经济中心。重庆,是一个最为典型的例子。

重庆位于四川盆地的东南部,一向有"山城"、"雾城"之称。因为城区坐落在长江与嘉陵江之间狭长的半岛形丘陵上,三面环江,群山围抱,市内岗峦起伏,城市依山而建,房屋参差错落,街道迂回曲折、整体布局给人以层次分明的立体感，故有"山城"之名。重庆气候夏季炎然，秋冬多雾，高温季节长达5个多月，全年日均气温超过30℃的约有90天，超过35℃的约有34天，极端最高气温到过43℃，所以它与武汉、南京合称长江沿岸的"三大火炉"。重庆多雾，尤以深秋和冬季最多，冬季大约平均每5天就有4天是雾日或阴天，一年平均有93天半是雾日，曾出现过一年205天雾日的最高记录，白茫茫的浓雾笼罩了一切，有时终日浓雾不散，甚至连续几天不露太阳，故人们称之为"雾城"。

  作为长江上游最大的城市，重庆"会川蜀之众水，控瞿塘之上游"，历来被视为祖国大西南的门户。上古时代，重庆曾是巴国的首府。相传嘉陵江水系形如"巴"字，所以这里最早名称叫"巴"，"巴蛇吞象"的典故就出在这里。据《山海经·大荒北经》记载："西南有巴国，有黑蛇，青首，食象"，东汉许慎在《说文解字》中也说："巴，虫也，或曰食象蛇"。屈原在《天问》里就曾经发出过这样的疑问："巴蛇吞象，厥大如何？"意思是说，蛇能够吞象，那么蛇该有多大呢？学者们普遍认为，《大荒经》是西南地区的人记载当时当地所见所闻的原始材料，在那个时候，嘉陵江流域是热带、亚热带大森林，大小爬虫比比皆是，传说中的龙很可能就是大爬虫的一种，或许这就是吞象的蛇。后来，由于自然条件的变化，食象之蛇便绝迹了，但"巴蛇吞象"的传说流传了下来，后人遂称："人心不足，巴蛇吞象"。

禹娶涂山氏为妻，据说涂山也在重庆，至今南山公园内黄山之下石壁上，刻着两个醒目大字："涂山"。传说大禹忙于治理洪水，公而忘私，三过家门而不入；涂山氏望夫心切，经常独自站在江边巨石上，伸着脖子远望，呼喊着禹的名字，希望他早日归来，可是云水茫茫，望眼欲穿，日夜呼归却不见夫归。所以，重庆朝天门外那块巨石，就叫"呼归石"，也叫望夫石。由于语音讹变，"呼归石"就讹传成了"乌龟石"。

秦灭巴国后，于此置为巴郡，并派张仪筑城。到了汉朝，因该城靠近长江，便改称江州。三国蜀汉时，江州都护李严在张仪筑城的基础上进行了扩建。隋文帝时，又因它位于嘉陵江畔，嘉陵江古称渝水，便改江州为渝州，重庆简称"渝"即渊源于此。北宋崇宁元年（1102年），这里的地方官准备反叛，宋徽宗命人将其捕杀，改渝州为恭州，意思是要这里的人恭恭敬敬地顺从皇帝的统治。1189年，南宋恭王赵惇继位，是为光宗，因为恭王封地在恭州（实际上本人并不到封地就任），又以恭王（而非太子）的身份入继大统，在他看来，先封王，后继位，是"双重喜庆"，故将其地改名为"重庆府"。或以为此地介于绍庆（今彭水县）、顺庆（今南充市）二庆之间，非也。南宋末年，重庆知府彭大雅为抵御蒙古军队，曾大建城郭。元改为重庆路，元末明玉珍入川，建立大夏国（1362~1371年），定都重庆，将城郭作了修缮、扩建和补筑。明初复为重庆府，在旧城上砌石为城，城高10丈，周2600余丈，城门十余座，使重庆的建设达到古代极盛时期。

1913年府废,1927年设立重庆市,1997年升直辖市。

唐宋以来,随着川江水运的日益发展,重庆已成为长江上游的物资集散中心。鸦片战争后,由于重庆的经济地位重要,成了帝国主义觊觎的重要目标。1876年的《烟台条约》和1895年的《马关条约》中,英国、日本相继迫使清政府同意开辟重庆为通商口岸,日本帝国主义还曾设立过租界,1931年为我国收回。

卢沟桥事变以后,抗日战争全面爆发。日军接连攻陷上海、南京、武汉,国民党政府撤退到峨眉山下的大后方,美丽的山城被选定为"陪都",1939年升重庆为中央直辖市,城市规模骤然扩大了许多。蒋介石为了加强其统治,在重庆市郊沙坪坝秘密设置了一个血腥屠杀共产党人和爱国人士的人间魔窟,名叫"中美特种技术合作所",设有白公馆、渣滓洞两大监狱和其他20余所牢狱,上千名革命志士在这里惨遭杀害,著名的有中共四川省委书记罗世文、中共川西特委车耀先、共产党人江竹筠("江姐"的原型)、爱国将领杨虎城等。1949年11月,重庆解放前夕,国民党对囚禁在狱中的300多位革命志士进行了集体大屠杀,制造了骇人听闻的"一一·二七大血案"。新中国成立后,已将"中美特种技术合作所"辟为"美蒋罪行展览馆"。抗战期间,周恩来同志不顾个人安危,置身虎穴,在山城与国民党进行了英勇、机智的斗争,现在城区的曾家岩五十号"周公馆"、民生路208号《新华日报》馆,以及近郊化龙桥侧的红岩村(八路军重庆办事处），都是共产党人领导人民进行革命斗争的所在地，今已合建为"红岩革命纪念馆"。

山城景色如画，最引人入胜的要数南、北两个温泉了，它们像翡翠般地镶嵌在城市的两端。南温泉位于长江南岸的花溪之畔，有花溪垂钓、仙女幽岩等12景，景景争妍，各具情趣，清同治年间开始修建浴池，水温在40℃左右；北温泉位于重庆西北的北碚郊区，背负缙云山，面临嘉陵江，清泉瀑布，岩溶深壑，苍翠欲滴，引人入胜，此地原有温泉寺，创建于南朝宋景平元年（423年），13世纪初时山岩垮塌，寺庙被毁，今存建筑系1426年重建，温泉水温保持在32～37℃之间。北碚也是一个有名的地方，"碚"即石矶，指突入江心的石梁，北碚伸入嘉陵江中的石梁长达270米。抗战期间，许多文化教育机构入迁北碚，至今尚有许多高等院校云集于此。

古代长江的水文站

长江水系好像一棵枝繁叶茂的参天大树，干支交错，枝枝相连，布满整个流域，支流集中是长江水系的一个显著特点，较大的支流几乎全部集中在长江干流中段的"一盆二湖"地区，即四川盆地和洞庭、鄱阳二湖。在四川盆地，从左岸汇入长江的有雅砻江、岷江、沱江、嘉陵江，右岸有赤水河、乌江，支流从盆地边缘向盆底汇聚，水量猛增一倍以上，故有"众水会涪万"之说，"涪"指涪陵，"万"指万县。

提起涪陵，人们也许不会感到太陌生，因为涪陵榨菜是人人爱吃的土特产。涪陵位于乌江汇入长江口西侧，自古为川东重镇。在涪陵城上游约一公里的长江江心，有一道狭窄的天然石梁，叫白鹤梁。相传，北魏尔朱通微因痛恨在朝独断专横、妄图篡夺皇位的族兄尔朱荣而弃家出走，修道炼丹，号尔朱真人。道成，云游名山大川，在合州以每丹12万银出售长生不老仙丹，合州刺史想买，尔朱真人道："刺史银多，非120万不可！"刺史厌其反复，差人拿下，盛入竹笼，扔进江中，于是真人浮江而下，至涪陵石梁，恰为一白石渔人用网捕得，击磬方醒，二人结为金兰，此后常到石梁前修炼、畅饮。有一天，尔朱真人趁高兴之际，取出仙丹一粒给渔人咽酒，仙丹一下肚，药力顿发，渔人身轻飘然，于是同真人一起乘鹤羽化成仙，此处因以得名"白鹤梁"。也有说，此地白鹤常成群集于石梁之上觅食，欢歌，故名。

　　长江上游，像白鹤梁这样的石梁并不稀罕，但白鹤梁却是古代留下的一个不平凡的"水文站"。白鹤梁东西长1600多米，与江流平行，南北宽仅10~15米，表层为坚硬的砂岩，厚约1~1.5米，其下层为软质页岩，厚度在2米以上。整个石梁岩面平整，呈14.5°的角度向江心倾斜。梁背高出低水位仅2米，因此平常年份沉浸江中，过往行人难得见到；只有在江水最低时才露出水面。此时，长江主漕在白鹤梁之北，那里水深流急，而石梁南边则微波荡漾，水平如镜，人称"鉴湖"。鉴湖为邑人泛舟游憩胜境，也是渔人泊舟暂息之所，故而古称"鉴湖渔笛"，或曰"白鹤时鸣"。为涪陵八景之一。八景固然宜人，但更引人入胜的还是白鹤梁的石鱼和与此有关的大量题刻。

石鱼是古代劳动人民创造的观测水位的标记，题记则是古代水文观测的记录。经过精心发掘，已知白鹤梁上共有石刻鱼图14尾，石刻题记164段，其中既有造型生动的鱼图、鹤图、观音神像，也有诗词、题记等各种文字记载，图文并茂，堪称世界上奇特的水文宝库。在石刻鱼图中，除一尾为立体浮雕外，其余13尾均为平面线雕，大者长达1.5米，小者仅0.3米，最古老的一尾刻于唐广德元年（763年）以前，距今已有1337年，引人注目的双鱼则是南宋时的杰作（清康熙时涪州知州肖星拱重刻），双鱼首尾相随，溯江上游，姿态灵活，游在前面的一尾长100厘米、宽28厘米，全身36片鱼鳞，口衔莲花，所以叫它莲花鱼；游在后面的一尾，长105厘米、宽27厘米，也是36片鱼鳞，口衔灵芝，所以叫灵芝鱼。经实测，双鱼鱼眼所处水位在海拔137.91米处，唐代石鱼鱼腹高度为海拔137.86米，与现今涪陵水位站选用的"水尺零点"高度十分接近。这就充分反映了我国古代劳动人民的水文科学知识已经达到了相当高的水准，因为只有对年最低水位经过较长时期的观测研究、分析比较之后，才可能把石鱼水文标志的位置刻定得如此精确。

上述三尾作为水文标志的石鱼，都刻在白鹤梁中段靠近多年平均最低水位处，所以它们出水的机会较少，早在南宋末年的《舆地纪胜》卷174中记载：石鱼"三五年或十年方一出，出必丰年"，这种说法已为中华人民共和国成立后的1953年、1963年、1973年、1983年、1993年的石鱼大现皆年丰的事实所证明。所以民间也有"石鱼出水兆丰年"之说，每逢石鱼出水，乡人闻之以喜，总是奔走相告，观者络绎不绝；更有不少有心人特意将石鱼出水的日期、尺度以及出水情景写成诗文，刻在石梁上，唐、宋、元、明、清历代都有，纵横交错，总计164段，以宋代居多（约100段），有水文价值的达103段，总数约在3万字以上，署名者即有304人，最著名的除北宋吴缜"元丰九年（1086年）岁次丙寅二月七日江水至此鱼下五尺"、黄庭坚"元符庚辰（1100年）涪翁来"的题字以外，还有明正德庚午（1510年）涪州知州黄寿"时乎鸾凤见，石没亦是丰；时乎鸥鹢见，石出亦是凶"的五言题诗。论书法，颜、柳、苏、黄、赵各家均有，篆、隶、行、楷、草诸体悉备，故又有"水下碑林"之誉。

白鹤梁以石鱼、题刻的形式记录了1200多年以来长江的一本"流水账"。最宝贵的是，从这本"流水账"中，获得了自唐代以来1200多年中72个年份的长江上游枯水资料。这些资料表明，每三五年便发生一次枯水，十年或数十年出现一次较大枯水，大约每600年出现一次极枯水。如果古人对枯水年的记录无遗，则1140年与1937年的长江处于极枯水位。探索枯水规律，了解枯水量变化及其持续时间，对建设水电站、航运、灌溉及城市供水方面都有着重要的意义。著名的葛洲坝水利枢纽和伟大的三峡工程，都应用了白鹤梁上记载的大量水文数据。

涪陵石鱼题刻的发现和研究，不仅在中国，而且在世界科技史上都具有重要的科学价值。1974年，联合国教科文组织主持在巴黎召开的国际水文学术会议上，中国水文科学代表团作了《涪陵白鹤梁题刻》的科学报告，引起了国际水文专家的震惊和赞赏。中国考古代表团访日时，涪陵石鱼也引起了日本朋友的浓厚兴趣。涪陵石鱼题刻在我国是绝无仅有，在世界上也属罕见，目前所知，仅埃及在古老的尼罗河中才有类似的水文石刻题记。

8 从地狱到天堂

如果说丰都"鬼城"是座地狱，那么西汉末年公孙述借以割据一方、自称帝王的白帝城便是天堂。这样，从丰都到奉节，长江便完成了从地狱升到天堂的全部过程。

自古以来就有一种迷信的说法，人死后阴魂都要归入丰都，于是丰都有了一个令人恐怖的别号——"鬼城"。丰都县系隋文帝开皇九年（589年）所置，是取境内丰稳坝、平都山二地各一字合成而得名的。传说早在汉朝时候，这里的平都山上隐居着两个人，一个是东汉和帝刘肇皇后的曾祖父，叫阴长生，另一个是西汉中散大夫王方平，后人把这两个人的姓连在一起，就传成了平都山上住着"阴王"，又望文生义为"阴间之王"，因而丰都成了一座"鬼城"。唐朝女皇武则天下令在平都山修建了第一座寺观——仙都观,此后历代相继在丰都建造起70多座寺观,当年的建造者为了渲染"鬼城"气氛,特意设计了阎王殿、奈何桥、鬼门关、望乡台、阴阳界等一套冥府幻境,塑造了六曹、十师、四大判官等许多阴森可怖的神像,使鬼城成了名副其实的"阴曹地府",再加上《西游记》、《聊斋志异》对其离奇的描写,更使鬼城具体化、形象化,以至达到神奇可怕的程度。据说,以前途经丰都的船只,只敢停泊在长江江心,害怕靠近岸边会招致鬼城里的阴魂爬上船来呢。不过,1949年前的丰都,的确是座"鬼城",在不足一万人的县城里,竟然有一千多人从事迷信职业。

紧邻长江北岸的丰都,也是一块战略要地。1916年元旦,袁世凯复辟帝制,遭到举国上下唾骂,云南都督蔡锷率三千兵力攻入四川,沿长江而下,该年春天蔡部护国军与袁氏大军在川南激战,年仅24岁的刘伯承带领护国军第四支队勇克丰都,截断长江交通,阻滞了袁军增援,但不幸右眼被敌弹所伤,此后右眼就瞎了,但日后的刘伯承智谋仍是有增无减。

顺长江水自丰都而下,便是忠县,以前叫忠州。忠县的古迹,要数太宝祠、石宝寨最为有名了。太宝祠是为纪念女将秦良玉而建的。秦良玉系忠州秦家坝人,丈夫被内监害死,她就代夫行职,做了石砫(今重庆石柱县)宣抚使,后升任总兵。她通晓书翰,武艺超群,仪度娴雅,治军有方,所领军队号"白杆兵",虽曾与张献忠的大西政权对抗过,但自1621年起即北上抗御后金（清），1630年还曾入援京师，立下大功，被封为忠贞侯。石宝寨位于忠县以东90里长江北岸的玉印山上，传说美丽的天神女娲炼五色石以补苍天，其中一块坠落于此，形如玉印，故名。从清初开始，能工巧匠们依玉印山势建造了一座木质结构、外形奇特的塔形楼阁，没用一点钢筋，也没浇筑混凝土，就是这样简单的木石相衔，像儿童搭积木似的一层层向上延伸了12层，这100多级木梯螺旋上升，是通往山顶的唯一道路。楼阁内靠山一侧的石壁上，还有泥塑、诗画、碑文，真像前人所说的那样："忠州有个石宝寨，人人见了人人爱。"难怪连国民党政府发行的金圆券上也印着石宝寨的图案呢！

忠县以下，便是"川东门户"万县（今重庆市万州区）。古称浦州、南浦，北周置为万川郡，唐贞观八年（634年）改为万州，明洪武六年（1373年）降为万县，中华人民共和国成立初设为万县市。万县具有光荣的革命斗争历史。1926年8月29日，英国帝国主义"万流"轮在长江上横冲直撞，撞沉我国木船，溺死58人；万县人民在朱德、陈毅的支持下，毅然扣留了英国船只，并向英国领事提出强烈抗议，要求惩办凶手，赔偿损失，大挫大英帝国威风。英方恼羞成怒，竟调来三艘军舰，用高速炮猛烈轰击万县县城，杀害无辜平民一千多人，制造了震惊中外的"万县惨案"。惨案发生后，中国共产党发表了《中共中央为英帝国主义屠杀万县同胞告民众书》，在全国掀起了一场轰轰烈烈的反英爱国运动。

过了万州，前方便是云阳县。云阳城的长江南岸，一座硕大山岩的半山腰处，有一座琉璃粉墙、金碧辉煌的殿宇镶嵌在绿色翡翠之间——这就是远近闻名的"张飞庙"。因张飞死后谥为桓侯，所以又称"张桓侯庙"。号称"巴蜀一胜景"。

据历史记载，张飞是河北涿州人，死在阆中。阆中在"川北"，云阳在"川东"，相距千余里，云阳又非张飞故里，怎么在此地为他建立规模宏大的庙宇呢？说来倒颇有情趣。

在蜀汉章武年间（221～223年），蜀将关羽大意失荆州，败走麦城，被吴将杀害。当时，驻守阆中的张飞惊闻噩耗，旦夕号泣，泪湿衣襟，限手下末将张达、范强三日之内备齐白旗白甲，挂孝出征，为关羽报仇。张达、范强深知张飞治军严厉，苦于不能如期复命，便乘张飞醉卧之时将其杀害，取了首级去东吴邀功。当时，吴王孙权得到了刘备兴兵问罪的情报，为了保存实力，便派人与蜀汉讲和。张达、范强在云阳途中听到这个消息，惊恐万状，连忙悄悄将张飞首级抛入江中，逃奔他乡。据说，当天有个老渔翁网起一个人头，以为是不祥之兆，随即抛回江中，不料那人头老在船边回旋。这天晚上，老渔翁梦见张飞跪在他面前，泪痕满面地说："我与刘皇叔、关公桃园结义，立志匡扶汉室，与东吴誓不两立，岂能抱着遗恨去见东吴人呢？请您将头颅捞起，埋在蜀汉的土地上。"老渔翁惊醒，忙打捞起张飞头颅，含泪埋葬于南岸的山麓，并邀乡亲集资在山上盖了一个小小的祠堂表示纪念。此后，便有了"身在阆中，头在云阳"的说法，张飞庙也由此而不断扩建，逐渐形成了一个占地14亩、建筑面积达1400多平方米的建筑群。

相传张飞的神灵经常保佑庙前来往的行船，常常给他们吹30里顺风，如果顺风加顺水，不一会儿便到了古城奉节。奉节古为夔州路、夔州府治。四川系"川峡四路"的简称，这川峡四路当中有一路便是夔州路，所以它历来为巴蜀的门户，历史悠久，古迹众多，当然最有名的还是坐落在县城之东15里、位于瞿塘峡西口的白帝城。

西汉末年，公孙述镇守川东峡口时，在此山头筑城。公孙述听说城中有口白鹤井，井中常冒出一股白色的雾气，其形状宛如一条龙，直冲九霄，便故弄玄虚，说这是"白龙出井"，是他日后必然登基成龙的征兆。于是，他在公元25年自称白帝，所建之城取名"白帝城"，此山亦改名为"白帝山"。后来，公孙述势力为光武帝刘秀所灭。当地人为了纪念公孙述，在白帝城兴建了白帝庙，塑像供祀。明朝时，公孙述的像被搬开，为刘备像所代替。

白帝城是刘备托孤的地方。三国鼎立之初，蜀汉先主刘备出兵伐吴，失败后退兵白帝城；刘备临终前把幼主阿斗太子（刘禅）和国家大事托付给丞相诸葛亮。这就是众所周知的"白帝城托孤"的故事。白帝城与三国结下了不解之缘：屋脊上、飞檐旁，绘着一幅幅彩色图画，每一幅画都是一个生动的三国故事。在这里细细地观赏，可以帮助您重温一下三国鼎足的历史。

白帝城瑰丽的自然风光、悲壮的历史故事、珍贵的名胜古迹,吸引着各种各样的游人前来。白帝城内,最突出的自然是诗人,李白、杜甫、白居易、刘禹锡、苏东坡、黄庭坚、陆游、范成大等著名诗人均先后来过这里,留下了许多脍炙人口的佳篇。诗人云集,满城皆诗,因而白帝城又拥有"诗城"的美誉。

大诗人李白吟道:"朝辞白帝彩云间,千里江陵一日还,两岸猿声啼不住,轻舟已过万重山。"这首《早发白帝城》是诗人对飞舟观景的动态美景的绝妙写照;而杜甫攀上白帝城所吟咏的《登高》诗:"风急天高猿啸哀,渚清沙白鸟飞回;无边落木萧萧下,不尽长江滚滚来",也早已成了流芳百世的千古绝唱。白帝城以它特有的魅力吸引着诗人,诗人的歌咏更增添了白帝城的魅力。

9 壮丽的三峡

万里长江,汇集了千流百川,穿过无数高山深谷,浩浩荡荡,从四川盆地向东奔泻而去,不料遇到巫山山脉的阻挡;长江犹如一把利斧,开山劈岭,横切巫山,在万山丛中奔腾而过,形成了雄伟、壮丽、险峻、惊人也是整条长江风光最为旖旎迷人的三峡。

三峡是瞿塘峡、巫峡、西陵峡的总称,它西起重庆奉节的白帝城,东到湖北宜昌的南津关,包括大宁河宽谷和香溪宽谷,全长193公里(参见"长江三峡示意图")。北魏郦道元在《水经注》中引述前人描写三峡说:"自三峡七百里中,两岸连山,略无阙处;重岩叠嶂,隐天蔽日,自非停午夜分,不见曦月",把三峡的壮丽风光,描写得淋漓尽致。峡内激流翻滚,惊涛拍岸,宽谷地带又有富饶的村庄、翠绿的梯田,把三峡装点得更加生机盎然,组成了一条绚烂多彩的百里画廊。让我们沿江而下,饱览一下三峡的风光吧。

从白帝城扣开夔门东行,8公里后至巫山县的黛溪,叫瞿塘峡,是三峡中最短的一个峡,但它却有"西控巴渝收万壑,东连荆楚压群山"的雄伟嵯峨,南岸白盐山拔地而起,北岸赤甲山从天而落,江面仅有百把米宽,"众水会涪万,瞿塘争一门",巴蜀之水齐汇于此,夺路争流,激起汹涌的浪涛,故有"瞿塘天下雄"之称。瞿塘峡西口的长江江心,横卧着一堆大礁石,方圆20丈,高耸近10丈,这就是有名的滟滪堆,"滟滪大如象,瞿塘不可上;滟滪大如马,瞿塘不可下",这首民谣话出了昔日船工的恐惧心理,滟滪堆掀起的狂涛巨浪,不知吞没了多少舟船,冲散了多少木排!1959年,航道工人一举炸掉了滟滪堆这个长江航运的拦路虎。

瞿塘峡中的名胜古迹,比比皆是。南岸白盐山悬崖绝壁之上,有一串排列成"之"字形的洞孔,从下上望,犹如天梯直竖,当地人民称为"孟良梯"。传说杨令公为国捐躯后,葬在白盐山山腰的平台上,他手下的勇将孟良决心将令公的尸骨盗回故乡山西去,就悄悄地来到瞿塘峡,趁着夜色在岩壁上凿孔架梯;当孟良凿至半途时,一和尚发现,和尚装着鸡叫,引得白帝城的雄鸡都叫了起来，孟良以为天快亮了，怕人发觉，就停止凿孔，以致前功尽弃。这个传说，显系附会而成，杨令公从未来过蜀川大地。其实，孟良梯是古代劳动人民凿石穿孔修建栈道的遗迹。孟良梯的长江对岸，是有名的风箱峡，这个悬崖峭壁上的孔穴远看像一叠书，又像一个木箱，传说鲁班路过此地，把风箱遗忘于此，故名。千百年来都这么传说，直到1971年才发现，峡内根本不是也不像风箱，而是战国时代巴人的悬棺葬，具有很高的历史研究价值。

瞿塘峡的东口，有一条黛色小溪从南岸注入长江，溪口山间台地上的小镇便是以大溪文化而著称的巫山县大溪镇。1959年，考古工作者在大溪两岸的遗址上，先后两次进行了大规模的发掘工作，其发掘了228平方米的遗址和74座墓葬，从出土的大量陶片、石器、骨器和夹杂在一起的鱼骨渣、兽骨看，证明这里便已出现了规模可观的聚居点，形成了相当发达的大溪文化。它处于母系氏族公社阶段，属新石器时代。

出了瞿塘峡，便是大宁河宽谷地带，转眼间迎来了小巧玲珑的巫山县城，它位于大宁河注入长江口的西侧。大宁河上的龙门峡、巴雾峡、滴翠峡，景色秀丽，被称为小三峡。如果将长江三峡比喻为一部交响乐，那么小三峡是其中一个美妙的插曲，有"不是三峡、胜似三峡"之誉。

巫峡是三峡中的第二峡，起自巫山县大宁河口，止于湖北巴东县官渡口，绵延45公里，横跨重庆、湖北。屹立在巫山南北两岸的巫山十二峰，是巫峡风光

二　上游激浪

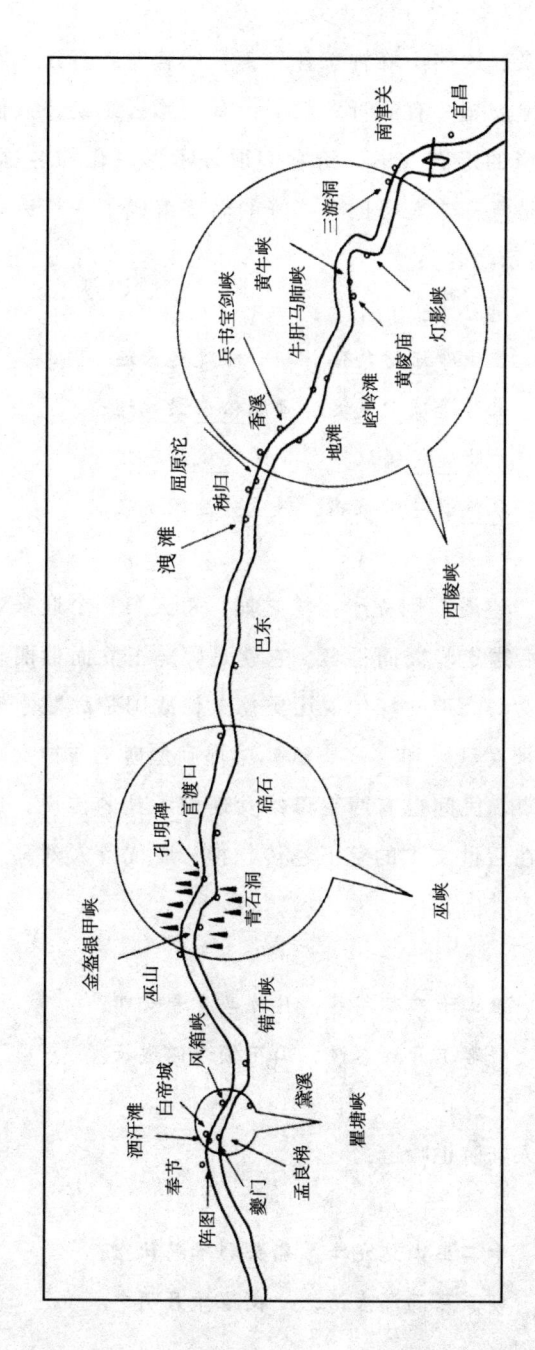

长江三峡示意图

中的胜景。这些山峰神态各异，有的若龙腾霄汉，有的似凤凰展翅，有的青翠如屏，有的彩云缭绕，人们以其山峰的形态，早已给它们取好了形象化的名称。有趣的是，三峡人民把十二峰的名字编成了一首诗歌（横线表示峰名）：

曾步净坛访集仙，朝云深处起云连；
上升峰顶望霞远，日照松峦聚鹤还；
才睹登龙腾汉宇，又看飞凤弄晴川；
翠屏岩畔听猿啸，料是呼朋饮圣泉。

诗中的"望霞"因立于群峰之巅，每天第一个迎来朝霞，最后送走晚霞而得名，它就是婷婷玉立而俏丽动人的神女峰。神女峰传说历史悠久，战国楚辞赋家宋玉的《神女赋》和《高唐赋》中提到楚襄王与神女幽会的故事，民间也有西王母幼女瑶姬下凡的传说，这些故事在后世文人的笔下越传越神，唐代诗人刘禹锡曾写道：

巫山十二郁苍苍，片片亭亭号女郎；
晓雾乍开疑卷幔，山花领谢似残妆。

南宋诗人陆游也吟道：

十二巫山见九峰，船头彩翠满秋空；
朝云暮雨浑虚语，一夜猿啼月明中。

神女峰因此也就名扬四海了。其实，神女峰只是长江北岸巫山上的一片奇石，千百年来多情的人们为她注入了丰富多彩的文化灵魂，使她深深地吸引着古往今来的游人。

孔明碑是巫峡里传闻较广的历史古迹。在集仙峰下，有一块白色的岩壁凹成碑形，上刻"重岩叠嶂巫峡"、"名峰耸秀"、"巫山十二峰"三排苍劲的大字，传说为诸葛亮（字孔明）所书，故名"孔明碑"。据说碑内旧有小字写的碑文，内容是《隆中对》。传说东吴大将陆逊追击蜀军至此，阅览碑文后很受感动，就主动撤兵了。实际上，"重岩叠嶂巫峡"乃为明朝嘉靖间所刻。

碚石是巫峡中长江南岸的一个小镇，是重庆、湖北的分界标志。碚石对岸是一条不起眼的边鱼溪，人们说溪东之草倒向湖北，溪西之草倒向重庆（原属四川），因而1961年9月14日郭沫若乘船从重庆东下时，曾作《过巫峡》诗，最后一句是"船头已入鄂，船尾尚留川"，说明两省在此仅一线之隔。

出了巫峡，江面开阔，视野舒展，是有名的香溪宽谷，宽谷地带山清水秀，人杰地灵，这里曾出过两位传颂千古的名人，一是屈原，一是王昭君。有人把屈原看成是三峡里的"第一流才子"，他的故乡就在湖北秭归县的香炉坪。屈原是位正直无私、具有远见卓识的政治家，也是中国文学史上第一位大诗人，为后人留下了《九歌》、《离骚》等光辉诗篇。有人把王昭君看成是三峡里的"第一流佳人"，香溪河畔的宝坪村

（原名明妃村）就是她的故乡。相传王昭君入宫前在此面水而居，由于她在此洗涤了香罗帕，使溪水变得芳香四溢，故名香溪。杜甫曾写过"群山万壑赴荆门，生长明妃尚有村"的诗句，董必武也有"昭君自有千秋在，胡汉和亲见识高"的评价。"昭君出塞"的故事家喻户晓，流传千古。

西陵峡是三峡最后一段峡谷，从秭归香溪河口起，到宜昌南津关止，全长74公里，是三峡中最长的一个峡，可分东、西两段，西段依次包括兵书宝剑峡、牛肝马肺峡和崆岭峡，东段则分黄牛峡和灯影峡（即明月峡），两段峡谷之间为庙南宽谷，其中宽谷、峡谷各占一半。峡中有川江五大险滩之二的青滩和崆岭滩，峡岸有黄陵庙、三游洞等名胜古迹。

兵书宝剑峡位于香溪河口与青滩之间。这里的长江北岸峡谷的陡崖上，有几块方正的岩石，像巨书重叠在一起，这就是传说中诸葛亮藏的"兵书"；在"兵书"下面有一块凸起的石头，像一把利剑插向江中，这就是传说中的"宝剑"。传说诸葛亮将他生平用兵的方法写成了一部兵书，后来一次得了重病，环顾四周，思前虑后，没有可以传授之人，于是将这部兵书放在了难于攀登的峭壁上，让后世有才能之人去取，故有此美名。又有说诸葛亮怕后人看了他的书后，只会纸上谈兵，贻误军机，遂将它藏之山崖之间。唐朝时，雅州刺史王果舟经此，望见悬岩中有物似棺，曾派人攀上去察看，见岩间棺内骸骨尚存，因此又名"铁棺灵迹"，一称铁棺峡。1963年，有四位采药人从山顶缒入石穴，证实所谓的"兵书"，乃系古代巴人悬棺葬的遗迹。

牛肝马肺峡位于西陵峡中青滩与崆岭滩之间，千仞绝壁隔岸相峙，大有束长江为一线之势，所以又名麻线峡。在峡谷北岸的悬崖峭壁上，东边悬挂着一团赭黄色的页岩，形似牛肝；西边有一块形如马肺的岩石，人们根据它的形象便命名为牛肝马肺峡。民谣谓："千年阴雨淋未朽，万载烈日晒不干；老鹰盘旋空展翅，要想充饥下嘴难。"其实，"牛肝"、"马肺"均是崖缝水中的碳酸钙（$CaCO_3$）沉淀而形成的钟乳石。牛肝马肺峡与祖国众多秀丽山川一样，也曾遭受帝国主义的践踏。清朝光绪末年，英国军舰开进西陵峡，炮口对准"牛肝马肺"狂轰滥炸，把"马肺"打掉一大块，所以该峡形象已残缺不全了。郭沫若《过西陵峡》诗中"兵书宝剑存形似，牛肝马肺说狂寇"，即指此事。

位于兵书宝剑峡与牛肝马肺峡之间的青滩，是三峡的著名险滩之一，自西到东依次分为头滩、二滩和三滩，长约 3 里。头滩和二滩是由山岩崩塌堆积江中而成，三滩为南岸伸出的碛坝，其中头滩是明朝嘉靖二年（1523 年）北岸山崩、坍入江中堆集而成，故又名新滩。滩中乱石嶙峋，横截江流，活像一条天然溢洪堤，是川江航道上水流最急（7 米/秒）、落差最大（2 米）的一个险滩。历史上，这里沉船事故层出不穷，1942 年春节前夕的某天，民熙轮在此绞滩时触礁沉没，全船 300 多人少有幸免者。青滩北岸有一座

"白骨塔",就是堆积死难船工尸骨的场所,所以民间长期流传着这样的歌谣:"打青滩来绞青滩,祷告山神保平安,血汗累干船打烂,要过青滩难上难。"如今,由于建成了葛洲坝枢纽工程,库水回流,青滩航行再也不用绞滩了。

"西陵滩如竹节稠,滩滩都是鬼见愁",位于牛肝马肺峡之东的崆岭滩,比青滩还要凶险,被视为三峡五大险滩之冠,船工们说:"青滩泄滩不算难,崆岭才是鬼门关。"崆岭滩,郦道元《水经注》把它称作"崆岭峡"。唐陈子昂《宿崆岭峡青树浦村》诗云:"的的明月水,啾啾寒夜猿;客思浩方乱,洲渚寂无喧",生动描绘了峡内既"空"又"冷"的景象。峡岸千寻壁立,高与天齐,把长江逼成一条回折迂曲的长廊,峡中涛如雷鸣,乱石林立。崆岭滩由大珠、头珠、二珠、三珠、鸡翅膀、和尚石、对我来等24个礁石组成,其中大珠长达220米、宽40米、高15米,像一座小岛纵卧江心、把水流分成南北两槽,两槽汇合处又有头、二、三珠横亘,号称三石联珠,将水流搅得奔腾咆哮、九地横流,加上槽内暗礁密布,水势汹涌,船行其间必须左避右让,插针而行,稍有不慎即会触礁沉没,葬身鱼腹。特别是江心有一块奇怪的礁石,它的周围乱流翻涌,水势险恶,人们将它叫做"对我来",因为上水行船想要躲开它反而要触礁沉船,只有对着"对我来"开船,才能避开礁石、化险为夷(参见"巧航崆岭滩示意图")。1900年,德国"瑞生号"轮船想赶在别国之前闯进川江,即在此滩触礁沉没，进了"鬼门关"，帝国主义船只闻风丧胆，此后十多年不敢闯入川江。从1900~1945年，仅在这里就发生过17次重大沉船事故。新中国成立后，崆岭滩阻碍航行的礁石被炸毁，如今这"鬼门关"已葬身于葛洲坝水库之中了。

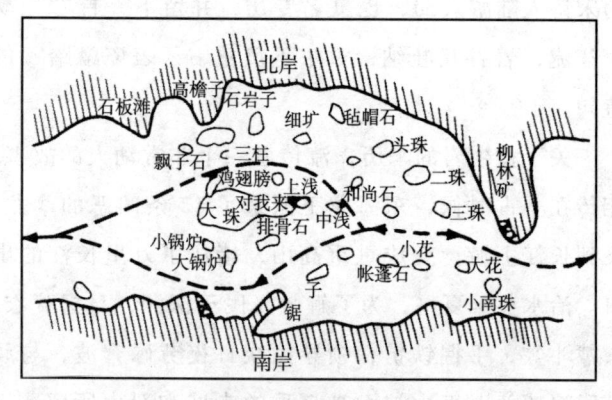

巧航崆岭滩示意图

长江出了崆岭滩，经过庙南宽谷，又进入了峡谷地带。峡南有一极天高峰，峰下有一排陡峭石壁，酷似黄、黑两种色调的岩石形成的壁画，郦道元《水经注》说"如人负刀牵牛，人黑牛黄"，这就是著名的黄牛岩，黄牛岩附近的峡谷就叫黄牛峡，古代歌谣"朝发黄牛、暮宿黄牛，三朝三暮、黄牛如故"，指的就是这段峡谷。峡谷水流湍急，逆水而上舟船寸步难行，黄牛山虽远离而犹见，总在视线之内，所以才有这样的感受。唐代李白经此，不禁发出了"三朝上黄牛，三暮行太迟；三朝又三暮，不觉鬓成丝"的感叹。北宋大文学家欧阳修被贬到夷陵（今宜昌）作县令时，

曾多次游览此地,并作诗云:

> 朝朝暮暮见黄牛,徒使行人过此愁;
> 山高更远望犹见,不见黄牛滞客舟。

南宋诗人陆游入蜀,也慕名专访,并留下一首"三峡束江流,岩谷互吐纳;黄牛不负重,云表姿蹴踏"的诗句。

关于黄牛岩的来历,流传着一个非常动人的故事。相传在上古时候,东海龙王派来了12条凶恶的孽龙,飞到长江上游,变成重重高山,堵住了万里长江的出口。治水英雄夏禹,为了解救人民于深渊,身穿蓑衣,头戴斗笠,手握铁铲,领导民众日夜劳碌奔波,与顽石巨浪搏斗。巫山神女被夏禹的赤诚和毅力所感,于是唤来一头力大无穷的黄牛,直奔西陵峡,霎时,山崩地裂,顽石横飞,黄牛用锐利的犄角,触开了重重叠叠高山,滔滔的江水一泻千里,滚滚流入东海。黄牛看到助夏禹治水成功便纵身飞上峭壁,变成一座顶天立地的黄牛岩了。

黄牛岩下,有一片红墙碧瓦,飞檐栋宇的古代建筑群,掩映在绿树翠竹丛中,这便是三峡中著名的古迹黄陵庙。相传,诸葛亮因感慨夏禹治水的功绩,最早兴建了一座黄牛祠,并写了一篇《黄牛祠碑记》。后扩建为黄陵庙,庙的主体建筑禹王殿始建于唐宣宗大中元年(847年),后续又重修,现在的建筑是明万历四十六年(1618年)仿宋式建筑重修的,它和我国各地许多古代建筑有着共同的风格，也是进深七间，面阔七间，屋顶正脊饰宝瓶，瓦面上饰以飞禽走兽，殿内立柱36根，每根柱上均有9条蟠龙浮雕，形态栩栩如生。

灯影峡又名明月峡，在黄牛峡以下14公里处，两岸峰峦高出江面五六百米，岩壁色泽乳白，皎如明月，北宋欧阳修有"江上挂帆明月峡"的诗名。此段峡谷狭窄，两岸如削，峰顶奇石兀立，形态多变，其中峡谷南岸的马牙山上，屹立着四块巨石，状如《西游记》中的唐僧、孙悟空、猪八戒、沙和尚师徒偕行模样，唐僧合掌端坐，孙悟空正在瞭望寻路，八戒牵马过山，沙僧担经紧随，神态各异。每当夕阳斜照，晚霞透衬峰顶，或是明月辉映，远处望去，这四座石像就好像灯影戏幕上的剧中人，故有"灯影峡"之名。

灯影峡下游北岸、东南距湖北宜昌市约10多公里处，是著名的"三游洞"。据历史记载，唐代大诗人白居易由江州（今江西九江市）司马迁忠州（今重庆忠县）刺史，其弟白行简同行，白居易的好友元稹也在同时由通州（今四川达县）司马迁虢州（今河南灵宝）长史，白氏兄弟溯江而上，元稹沿江而下，于唐元和十四年（819年）三月十日相会于夷陵（今宜昌），十二日同游洞中，置酒畅谈，各赋诗一首，并由白居易作《三游洞序》，写在洞壁上，"三游洞"由此得名。这是"前三游"。到了北宋嘉祐元年（1056年）冬，苏洵、苏轼（东坡）、苏辙父子三人从故乡眉山前赴东京开封府途中，同游该洞，亦各题诗一首，书于洞壁上，人们称之为"后三游"。整个山洞深30米、宽20米、高6米多，是地下水沿岩层不断溶蚀而形成的石灰岩溶洞，洞内三根钟乳石垂直横列，将洞隔成前、后两室，前室明旷，诗文满壁，后室幽奥，洞中有洞，其中有一耳洞可通洞外。随着"三游洞"的逐渐出名，游人也越来越多，欧阳修、黄庭坚、陆游、王士祯等文人都曾来过，并留下了许多珍贵的石壁题刻（宋人题刻10余处，明代重刻三游洞序石碑一通及诗文题刻40余处），今已成为湖北省重点文物保护单位。

三游洞之南，便是"雄当蜀道、巍镇荆门"的西陵峡终点南津关。此处两岸矗立的陡壁，恰如一个细颈瓶口，扼住滔滔的长江水，形成与夔门首尾呼应的一道天然门户，形势险要，是历代兵家必争之地。万里长江劈山开岭，冲过激流险滩，出南津关后即进入极目楚天舒的江汉平原，江面由300米一下子扩宽到2200米，展现在读者面前的是一幅千舟竞发、绿野无垠的美丽画卷。

三　中游之旅

经过三峡束放，激流险滩、绝壁峡谷都远离我们而去。大江是这样宁静安详，这样舒缓柔和。沿着"极目楚天舒"的开朗江面，追寻历史的足迹，我们步入长江中游愉快之旅。

荆州览胜

荆州古城，即今天湖北江陵县城。地处长江流域中游，若在沙市登岸，西行十余里便可到达。

荆州城的历史久远。在今天江陵县城北5公里有座古城遗址，这就是春秋战国时有名的楚国郢都。因城在纪山之南，故名纪南城。据《史记》所载，纪南城始建于楚文王元年（公元前689年），至楚顷襄王二十一年（公元前278年）为秦将白起所破，历时4个世纪。当年的土筑城墙，现仍具形迹，城墙高4~7.5米，东西长4450米，南北宽8583米，城内总面积达16平方公里。经钻探已发现城门七座、水门二座，城周有护城河，河宽40~80米。城内分布着宫殿遗址、陶窑址、古河道,还有铸铜作坊、夯土台基和水井等遗址。楚都郢,是当时我国最大都会,"车挂毂、民摩肩,市路相交,号为朝衣鲜而暮衣敝",被称为"挤烂城",可见其相当繁华。而荆州古城,在春秋战国时,这里是楚国郢都的渚宫和船码头,是楚成王为了毕览大江胜景而修建的,距今已有两千多年的历史。著名的晋楚城濮大战后,楚成王就是在渚宫召见其大将子玉的。秦将白起拔郢,郢都废弃。秦昭王以郢为新置的南郡治所,不久迁治原渚宫之地,并在此置江陵县,为郡治。因为这里靠近长江,"近州无高山,所有皆陵阜,故称江陵。"而江陵县成为荆州治那是相当晚的事情了。直至三国吴才以荆州治江陵。不过,荆州古城的建城早在汉代已开始。传说三国时,名将关羽在汉城边另筑新城。晋代,合新旧二城为一。南宋庆元三年(1197年)始建砖城。明末,李自成起义军拆毁了城垣。现存城垣,是清顺治三年(1646年),依明代旧基复建的。现存清代古荆州城为不规则的长方形,城墙依地势起伏,顺湖池迂回,城墙高8.83米,周长10.5公里,外围11公里的护城河。城内还有深2米、宽1米的下水道,干旱可以引水进城,天涝能很快排除城内积水。荆州城共有6座城门,每座城门外又建有半圆形的小城,利于防守。波光墙影,宛如巨龙飞舞的荆州古城,景象十分壮观,为我国现存较完整、规模宏大的一座古城。南门外城墙脚下有一处名叫"息壤"的古迹,相传是大禹治江时存放工具之处。

经文物普查,古荆州(今江陵)境内有八岭山、雨台山、孙家山、纪山、拍马山、川心店和观音挡等七大古墓群，分布面积达450多平方公里。地面存有封土堆的古墓885座，其中皇族墓地270多座，其他为家族墓地和平民墓地。这些墓地中存有大量古代文物，仅从发掘的几座陪墓中，就已有出土文物2.5万件。楚国金币"郢爰"和越王勾践剑、楚王孙鱼戈、彩绘石编磬等都是出土的稀世之宝。1975年6月，江陵凤凰山又发掘了一座汉文帝十三年（公元前167年）的古墓，出土了一具保存完好的男尸，为研究古代防腐技术提供了重要资料。

在江陵周围，还保存了众多的寺庙庵观。其中，以开元、元妙、太晖三大庵观最有名。城西的开元观，史载建于唐代开元年间。城北的元妙观亦称玄妙观，观前有一块高大的"九老仙都宫碑"，由元代大学士欧阳元作文，大书法家危素书写，被誉为文章、书法两绝。太晖观在西门外，其主体建筑朝圣门建于高台之上，外观雄伟壮丽；屋顶有铜瓦覆盖，金光灿然，有"小金顶"、"赛武当"之称；飞檐四周环列青黄石廊柱12根，其中南向4根、北向2根柱上，各透雕蟠龙一条，龙头伸出柱面一尺之远，势若飞离；殿四周的帷城内壁，用金箔镶嵌着500尊灵官像，千姿百态，栩栩如生。太晖观建于明洪武二十六年（1393年），是朱元璋第十二子朱柏封为湘献王后，在此修建的一座王宫。但由于此建筑的规模和格局，超越了当时的礼制，经人告发后，朱柏怕朝廷问罪，就将其改为太晖观。旧时太晖观处，即为"游人四布林野，百戏竞陈金翠"的闹市。

古代江陵还是物产富饶之地。司马迁以"饭稻羹鱼"之语加以赞誉；唐代诗人杜甫在《江陵望峡隘》中，用夸张的笔法称赞这里"白鱼如切玉，朱桔不论钱"；宋代大诗人苏东坡也说，这里"江水深成窟，潜鱼大如犀"。而有名的荆锦缎、水磨漆器至今仍十分驰名。松花皮蛋、味蛋、红白莲子、芡实、红菱及南湖萝卜、西湖藕等土特产亦久负盛名。冬瓜鳖裙羹、散烩八宝、皮条鳝鱼、鱼糕丸子、山药泥、酥芸雀和九黄饼、江米藕等风味食品，至今仍有口皆碑。据说，北宋时，仁宗召见江陵张景，问他："卿在江陵所食何物？"张景答道："新粟米饮鱼子饭，嫩冬瓜煮鳖裙羹"。足见江陵风味食品历史悠久。

古代荆州文化十分发达，文人荟萃。由于楚文化孕育时间长，对荆州后世文化影响深远。学者认为，商周时代，在江汉平原上存在着一支影响巨大的土著文化，即荆南寺红陶系文化，它是在原始文化基础上发展起来的地方性很强的文化。江陵境内已发现古文化遗址73处，其中楚文化遗址48处。从这些古遗址的资料证实，从原始社会的新石器时代，到商周、秦汉、南北朝，其文化衔接未曾间断。有人说，江陵是"琵琶多于饭甑，措大（读书人）多于鲫鱼"。古代江陵，还是音乐、舞蹈之邦，为"南风"、"楚声"的发源地。以"楚辞"为其代表作之一的爱国诗人屈原，就曾在这里大展才华。大词赋家宋玉也孕育于此。春秋战国时期歌舞家莫愁女、杂技表演家宜僚和戏剧家优孟等，都曾在这里大显身手。唐代著名的边塞诗人岑参和晚唐诗人崔道融、戎昱，宋代的"小万卷"朱昂等，都是人们熟知的江陵才子。唐代宰相刘洎、段文昌和岑文本、岑长清、岑羲、唐介，以及明代杰出的改革家张居正都是江陵人。历代学子名人游历江陵后，留下大量诗文词赋。他们的描绘与抒怀，为这座古城增光添彩。

由于荆州居江湖之会，水陆交通方便，物产丰富，文化发达，西汉时已成为全国十大商业中心之一，名列为南方五郡之首。南方所产珍贵物品，多通过江陵北运长安。南北朝时，它更成为长江中游第一大都会，有"江左大镇，莫过荆、扬"之称。西晋荆州刺史石崇与晋武帝的舅父王恺比富，王恺拿出一株三尺高的珊瑚树夸耀为最好最大，谁知石崇却将它打得粉碎，又拿出六七株三四尺高的珊瑚树来。依仗晋武帝作后盾的王恺也难以匹敌。可见当时荆州之富。西魏时，荆州一度毁于兵火，但到中唐又发展起来，而且"井邑十倍其次"，并曾被定为"陪都"，与长安、洛阳齐名。

荆州战略地位相当重要，历来为兵家必争之地。诸葛亮认为荆州"北踞汉、沔，利尽南海，东连吴会，西通巴蜀，此用武之地也"。晋朝初年，晋将杜预攻吴，以十万大军攻克荆州，因此"沅、湘以南望风归命"，东吴迅速灭国。1236 年冬，元将特穆尔岱率兵攻荆州，宋朝命孟珙带兵驰援。孟珙兵少，便在白天反复变换旌旗服色，夜间燃火炬虚张声势，迷惑元兵，然后率兵袭击，连破 24 寨，救出被俘的二万军民。明末，李自成、张献忠部也曾攻占过荆州。当时，崇祯皇帝派兵部尚书杨嗣昌率军几十万，屯驻荆州北门一带，妄图一举全歼义军。谁料起义军冲出重围。李自成接而破洛阳，围开封；张献忠诱杀襄王，取樊城。杨嗣昌眼看大势已去，在沙市服毒自杀。不久，张献忠攻占荆州，自立为"西王"。

在《三国志》、《三国演义》中，关于三国时期荆州的战争故事更是数不胜数。其中，尤以"刘备借荆州"和关羽"大意失荆州"两段最为精彩。赤壁大战后，刘备根据诸葛亮"先取荆州为本，后败西川建国"的战略方针，向孙权暂借荆州立足，孙权怕引起两家冲突，致使曹操乘虚南攻，同意了刘备的请求。刘备占据荆州后，向西川扩展，继而建国称帝。而荆州也有借无还。孙权当然不肯罢休，趁荆州守将关羽与曹操在樊城交战之机，派吕蒙袭取了荆州。关羽腹背受敌，只好败走麦城，途中被吴军擒杀。至今荆州城西北还有一个高土台，名为"点将台"，相传为关羽操兵点将的地方。城中博物馆内有一具大得出奇的石马槽，传说是关羽用它来喂赤兔马的。徐芷享的《荆州怀古》诗，因此发出感叹："英雄争战几时休，巨镇天开楚上游。月夜与谁游赤壁，江山从古重荆州。"亦有人说"闻听三国事，每欲到荆州"。可见荆州在三国战事中地位之重要。

"九曲回肠"荆江水

万里长江，从湖北枝城至湖南城陵矶，长 423 公里，因属古代荆州地区，所以取名荆江。其中，自枝江至藕池口长约180公里称为上荆江；自藕池口以下至湖南洞庭湖出口处城陵矶之间长约240公里称做下荆江。"长江万里长，险段在荆江"。荆江无疑是长江最险要的河段。240公里的下荆江，如果以直线距离计算，只有80公里。因为江流在这里绕了16个大弯，所以曲线一量必然远远超过80公里。历来以"九曲回肠"而著称。

如果从河流学的角度而论，荆江是历史时期长江河床演变最为典型的河段。其中，上荆江由于河床构造运动与流向一致，增强了河流的纵向流速，河岸沉积物胶结程度也较紧密，因此相对比较稳定；而下荆江河水流向与河床构造运动呈垂直相交，横向环流的冲刷作用显著，河岸沉积物也比较松散，易被流水掏空，因而在历史时期逐渐发育成为典型的"自由河曲"，即蜿蜒性河道。其曲折系数达到2.01～3.57，如此弯弯曲曲，其曲折率在我国蜿蜒性河道中居首位。而其中的孙良洲弯道河道长度为20余里，直线距离不到一里，曲折率却高达25。如果在孙良洲河湾最窄处的一侧，一是步行，一是乘轮船同时向另一侧进发，步行到达后可以从从容容地吃一顿饭，轮船才姗姗来到。人们根据河湾的平面形状，把类似孙良洲这样的河湾称为"河环"。

先秦时期，长江出江陵进入范围广阔的云梦泽以后，荆江河槽淹没于江汉平原古云梦泽所在的湖沼中，河床形态还不甚显著，荆江以泛滥漫流的形式向东南汇注。

秦汉时期，由于长江泥沙长期在云梦泽一带沉积，以江陵为顶点的荆江三角洲开始形成。江水呈扇状分流，向东向南扩散。处于高度湖沼阶段的下荆江，开始出现一些分流水道，如夏水、涌水等。荆江主泓道偏在三角洲的西南一边。

魏晋南北朝时期，荆江两岸出现许多穴口和汊流，使江水流量分泄，沙洲发育。三角洲向东南发展的同时，迫使云梦泽主体向下推移。据《水经注》记载，在今石首境内的下荆江河床已开始形成，江中多沙洲而呈汊流发育。

唐宋时期，随着监利县境云梦泽的解体消失，及上荆江河段穴口淤塞，荆江统一河床最后塑造完成。当时，在荆江两岸仍有 20 多个穴口，加上江北有扬水、夏水、鹤水分流，对下荆江流量起着调节作用。因此，史称"宋以前，诸穴畅通，故江患差少"，足见当时河床仍较稳定。

南宋以后，是荆江河道变化最大的时期。南宋时，金兵占据了北方，汉族人民大规模南迁，沿江筑堤围垸，扩大垦殖，荆江两岸穴口汊流，几乎完全堵塞。堤垸制止了河流在洪汛期向河漫滩漫溢，把水流限制在河床里，由于泥沙的大量沉积，抬高河床，洪水过程显著，堤防溃决殆无虚岁。元大德七年（1303 年），重开小岳、宋、调弦、赤剥（尺八）四穴，暂时减轻了洪水的威胁。到了明代这些穴口又复被湮。隆庆年间，疏浚了其中的调弦口穴，但整个下荆江仅靠返一口分泄洪流，不足以减小流量变幅。水流经过弯道时，由于环流离心力的作用，凹岸在主流的冲刷下，逐渐崩坍后退，泥沙则在水流较缓的凸岸淤积，河湾逐渐延长。下荆江就这样以增长河曲的长度来适应日益增长的流量。再加上人们在河曲凸岸新近沉积的沙滩上筑堤围垸，进行垦殖，又进一步巩固了凸岸的河床。原来单一顺直型迅速向蜿蜒河型方向转化。清齐召南《水道提纲》"江水"篇云：明末清初时，下荆江"自监利至巴陵（岳阳）凡八曲折始合洞庭而东北"，可见自由河曲已高度发育。这就是史载"九曲回肠"的形成过程。（参见"下荆江古河道历史变迁图"）

清同治以后，由于下荆江只有一个虎渡口未被淤塞，而大江两岸人工围垸又大规模地发展，连江中的沙洲也并岸围入垸内。河曲带长度剧增，随着河湾的增长，弯曲半径越来越小，终于形成了葫芦形的"河环"。在比降较大的汛期，漫滩水流长期作用下，狭颈滩面逐渐形成串钩，遇上大洪水，串钩便被冲开成为新河，造成自然裁弯。据不完全统计，100多年来自然裁弯曾发生过10余次。较大的有4次，即1887年的古长堤；1910年的尺八口；1949年的碾子湾和1972年的沙滩子。其中，尺八口和碾子湾还保存完好的牛轭湖形态。由于自然裁弯的结果，大大减少了下荆江河曲的长度。

由于历史早期北岸的分流河道多，下荆江北面的冲积平原地势已经淤高，再加上新构造运动北岸上升率大于南岸，在北高南低的地势下，下荆江的裁弯通道大都发生在弯曲河道的南端曲颈，因此，迫使主河槽向右岸摆动，其迁徙幅度最大处达10～20公里。

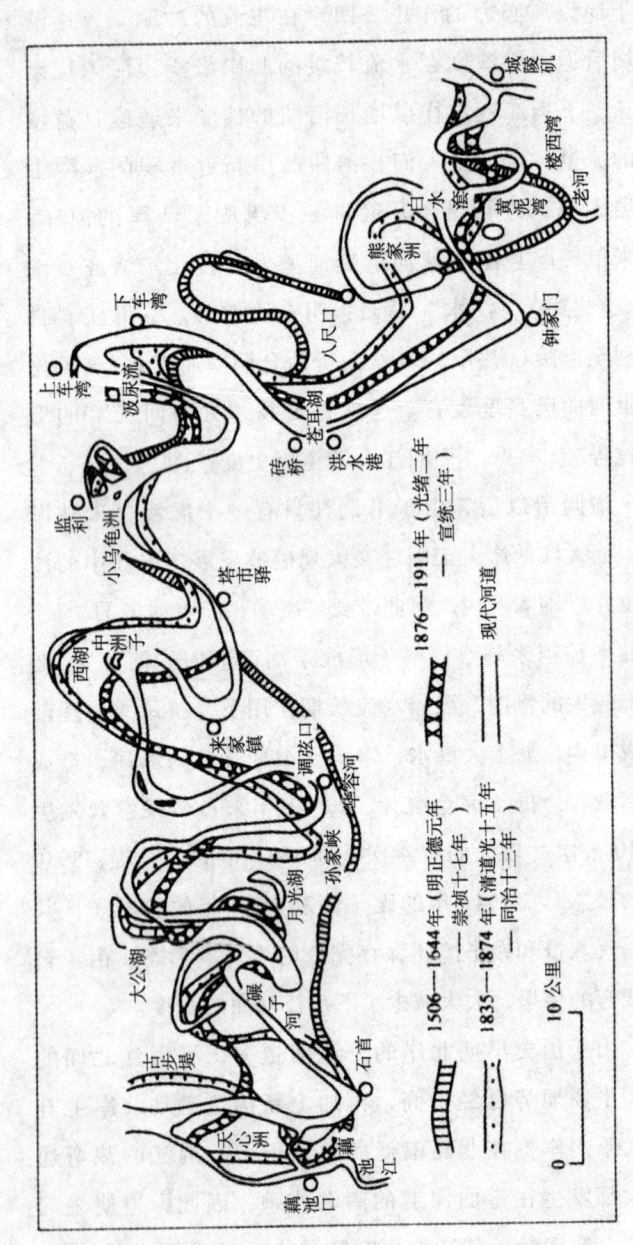

下荆江古河道历史变迁图（据林承坤）

洞庭君山翠

曲折回环的荆江水,在湖南城陵矶汇入古称"八百里"的洞庭湖。烟波浩渺的洞庭湖,水面跨湘、鄂两省,现时面积只有 2740 平方公里,蓄水量 178 亿立方米,是我国第二大淡水湖。

洞庭湖在地质构造上属江南古陆背斜构造的一部分。距今 7000 万年前的燕山运动,使湖区发生断裂陷落,在今南县和华容县境的两侧陷落为东西二湖。距今约 200 万～60 万年间的第四纪初,湖区又普遍下沉,湖盆继续扩大,东西两湖连成一片。晋以后的经学家认为,洞庭湖应包括在古云梦泽之内,这种说法一直沿用至今。其实,文献中的古云梦泽并不大。据《汉书·地理志》等汉、魏著作记载,云梦泽在南郡华容县(今潜江县西南)南,并不包括洞庭湖。根据前几年江汉油田的钻井资料分析,有些学者认为,云梦古泽根本不存在,只是历史记载的误传。按照《山海经》的记载,战国至西汉初年,洞庭湖"夏秋水涨,方九百里"。汉时长江主流已位于荆江附近,而洞庭湖则在长江以南。到晋代开始,由于筑堤束水垦殖,长江与湖才逐渐分离。三国以前,洞庭湖的整个湖面是连成一片的,方圆 800 里。由三国至南北朝,北方战乱,中原人民大量南移,由于川、湘、鄂农业的发展,植被大量被破坏,长江和湘、资、沅、澧诸水含沙量增多,洞庭湖逐渐淤积,至南北朝时,洞庭湖一分为三:

东面的仍叫洞庭湖；南面的叫青草湖；西面的叫赤沙湖。但夏秋涨水时，三湖仍联成一片，因此洞庭湖又有"三湖"之称。据唐、宋文献所载，东洞庭湖方圆360里，青草湖为265里，赤沙湖为170里，夏秋三湖合一时，方圆七八百里。"八百里洞庭"之说，来源于此。唐末至南宋，中原战争不断，人民又大量南移，两湖地区，特别是湖南北部的滨湖平原开发很快，当时继续沿江筑堤御水，扩大湖滩垦殖，著名的荆江大堤就是这时形成的。垦殖、筑堤，加速了洞庭洞的淤积，湖面日益缩小。不过那时大江南北仍有九穴十三口排泄江水。到了明嘉靖三年（1524年），荆江大堤的郝穴口被堵，江北大堤连成一体，江南仅有太平、调弦两口分泄江水入湖。洞庭湖逐渐淤高。明清时，洞庭湖中淤积成很多洲，筑堤、围垸的结果，夏秋水涨时，洞庭湖仅余500里。而且除东、南、西原有三湖外，又形成黄驿、安南、大通等湖。至冬春水落，湖面大部干涸而变成沙洲、汊沟，原位于湖中的君山，因北面淤积而成陆，与陆地相接。1825年，长江水冲开了藕池口，1873年又冲开了松滋口，形成夺河改道的局面。泥沙随江水入湖，湖面进一步缩小，出现了南县、白蚌、草尾及北大市一带的高洲滩。直至新中国成立前的20多年里，土豪争相围垦，湖面缩小近1/3。目前洞庭湖仍大致可分为东、南、西三湖。东洞庭湖是最宽阔的一个，湖面积约1091平方公里。

洞庭湖的湖名，源于湖中的君山。君山传说是神仙的洞府，所以又称为"洞府之庭"和洞庭山。古人就借"洞庭"之名来命名环绕君山的一片水域为洞庭湖。洞庭之名，于春秋战国时已见于史籍。

关于君山（洞庭山）的神话传说十分引人入胜。传说帝舜南巡，死于苍梧，其妃娥皇、女英（帝尧的两个女儿）闻讯，赶到洞庭山之地，筑台以望苍梧。她们眼望无边的云水，路断波横，招魂无处，不禁肝肠寸断，血泪交流，点点洒在竹子上。从此，君山的竹子便带有斑斑点点的泪痕，这就是至今有名的斑竹。后来，娥皇、女英双双投水而死，死后被奉为神，名"湘君"。因此山系二君妃埋葬处，故改名为"君山"，又名湘山。今天君山有二妃墓，墓前有一副对联，曰："君妃二魄芳千古，山竹诸斑泪一人"。把上、下联的头一字连起来即"君山"二字。唐代程贺的《君山》诗："曾游方外见麻姑，说道君山自古无。原是昆仑顶上石，海风飘落洞庭湖。"这当然只是个神话。然而这身在湖中，郁郁葱葱的小岛，宛如"白银盘里一青螺"。加上洞庭湖冬春多雾，夏秋多云，朝晖夕阴，君山更显得气象万千：时而日星隐曜，山岳潜形；时而皓月千里，浮光耀金，增添了不少神秘色彩。另传说"洞庭山浮于水上，其下有金堂数百间，玉女君之，四时闻金石丝竹之音，彻于山顶"；又说君山"其山多黄金，其下多楂、梨、桔、柚，其草多蘼芜、芍药、芎䓖"。道书将君山列为"天下第十一福地"。秦始皇也曾巡游君山，偶遇暴风惊涛，便断定是湘君之神故意阻拦，一怒之下，"使刑三千，伐湘山树，赭其山"，在君山石壁上秦始皇还盖有几个封山印。如今只剩其中的一个，也是痕迹剥落，文字莫辨了。

君山上有一个"柳毅井"。柳毅传书的故事至今传为佳话。相传，洞庭龙君之女犯了规诫，被贬人间，后受丈夫虐待，在河岸上牧羊，秀才柳毅替她送信向龙王求救。她被救后，感激柳毅，并和他结为夫妇。由于柳毅是按龙女指引，从君山的一个枯井下去，直达龙宫的，所以此井名"柳毅井"，至今仍井水清澈，四时不竭。

君山还是南宋时杨幺起义的基地。传说今天君山上群山环抱的大坪，便是杨幺当年的大寨所在。至今，这里还留下半边街、军师洞、点将台和杨幺夫人的梳妆台等地名。清末文学家吴敏树兄弟，曾在这片废墟上建立了北渚亭和九江楼。北渚亭、九江楼，连同附近的36亭、48庙，均是有名的历史遗迹。

风景优美的君山，自古便是出产名茶的大茶园。君山银针（又名金镶玉），唐代已被定为专供皇帝饮用的"贡茶"。君山银针曾于1956年德国莱比锡国际博览会上得过亚军奖。银针的采摘要求很高，它只能在清明前后7～10天内进行，而且规定在9种情况下不能采摘，那就是雨天、空心、细瘦、风伤、弯曲、茶芽发紫、茶芽开口、大露水早晨、不合尺寸。而茶芽的长短、宽窄、厚薄又是以毫米计算的。采摘的每一片银针，都要求芽头茁壮，紧实而挺立，长短大小均齐，白毫显露完整，芽身金黄。即使是采茶能手，每人每天最多也只能采200克鲜叶。这种茶制作出来，开水冲过，一片片垂直立起，踊跃上蹿，稍后垂直下落，反复三次，簇立杯底，宛如群笋出土。茶水澄黄清澈，滋味甘醇，沁人心肺。

说到洞庭湖，人们必然想起位于湖畔的岳阳楼。岳阳楼原本是三国东吴鲁肃训练水军的阅兵台，唐开元四年（716年），中书令张说谪守岳州（治所在巴陵县，即今湖南岳阳市），进行扩建，并定名为岳阳楼。宋庆历四年（1044年），环庆路都部署滕子京被贬岳州后，重建了岳阳楼。滕子京把有关材料，连同《洞庭晚秋图》，寄给好友范仲淹，请其作序。范仲淹以奔放的激情、横溢的才华，一气呵成了千古绝唱《岳阳楼记》："巴陵胜状，在洞庭一湖。衔远山，吞长江，浩浩荡荡，横无际涯；朝晖夕阴，气象万千，此则岳阳楼之大观也。……"在范氏笔下，岳阳楼一派雄伟壮观的气势顿跃眼前。此后，人们便将滕子京修楼，范仲淹作序，苏舜钦书法，邵竦篆刻，称为"四绝"。现挂于大厅的巨幅木刻屏，已非宋代原件，而是清代大书法家张照在乾隆八年（1743年）重写，佚名雕刻家所篆刻。书法苍劲，刀法纯熟，不失为珍品。

岳阳楼在我国古代建筑中，可谓独具一格。是我国有名的江南三大楼阁之一，历有"洞庭天下水，岳阳天下楼"的盛誉。这座楼矗立在今岳阳市西门城楼上，其建筑可用八个字概括：四柱、三层、飞檐、纯木。主楼三层，高15米，中间以四根楠木为柱，承荷全楼；再用12根木柱作为内围，支撑二楼；周围还有30根彼此牵制的柱子，结为整体；三楼则用"如意斗拱"，层叠相衬，顶部为盔形。那12个翘首蓝天的飞檐，像12只展翅飞翔的翅膀；那耀眼夺目的龙凤陶塑、雕梁画栋、琉璃彩瓦，似在争妍斗绝。全楼竟然全用木头筑就，甚至连一颗铆钉也不曾用，结构之功实在奇妙。

岳阳楼向为文人墨客青睐。李白、杜甫、白居易、元稹、李商隐都曾登临书怀吟唱。例如，杜甫由湖北江陵、公安辗转到岳阳，扶病登上岳阳楼，感慨万千，写下了"昔闻洞庭水，今上岳阳楼。吴楚东南坼，乾坤日夜浮"的动人诗句。两年后，他便瞑目在湘江的一条破船上。岳阳人民为了怀念他，在此修建了"怀甫亭"。

八百里洞庭湖、青翠的君山、雄伟的岳阳楼，是大江之滨的骄傲，是中华民族的自豪。

4　折戟沉沙话赤壁

赤壁之战是东汉建安十三年（208年）七八月间，发生在赤壁、乌林、江陵等地的一场著名战役。是役，孙（权）刘（备）联军大败北方劲敌曹操，不但创造了以5万兵力打败83万人马的以少胜多的战例，而且奠定了日后魏、蜀、吴三足鼎立的局面。

由于《三国志》的生动记载，加上《三国演义》的动人情节，赤壁之战早已为我国乃至日本、朝鲜、韩国以及东南亚各国人民所熟知。但是，赤壁于今在何地？长期以来是学术界感兴趣的问题。由于对文献记载理解不同，有如下一些观点：

即今湖北武昌县西赤矶山，与纱帽山隔江相对，南朝宋盛弘之《荆州记》说："蒲圻县（今县西北）沿江一百里南岸名赤壁，周瑜、黄盖（于）此乘大舰上破魏武兵于乌林。乌林、赤壁其东西一百六十里（南宋赵彦卫《云麓漫钞》：'赤壁、乌林相去二百里。'因为南北朝至南宋间长江江道有所改变，故两地相距里数不同）。"北魏郦道元《水经·江水注》认为"江水径百人山（今汉阳南纱帽山）南，右径赤壁山北，昔周瑜与黄盖诈魏武大军处所也。"

一说即今湖北蒲圻县西北赤壁山，北对洪湖县龙口乌林矶。唐李吉甫《元和郡县志》中说："赤壁山，在蒲圻县西八十里，一名石头关。北临大江，其北岸即乌林，与赤壁相对，即周瑜用黄盖策焚曹操舟船败走处。"

另有人认为，应在湖北黄冈县城西北江滨，一名赤鼻矶。山形截然如壁，而有赤色，故名。因为宋时苏东坡游此，作有前、后《赤壁赋》和《赤壁怀古·念奴娇》一词，误以为赤壁之战在此处。

通过长期的研究，今天大多数学者认为，赤壁之战的赤壁，应是《元和郡县志》所说的赤壁。也就是位于今湖北蒲圻县西北36公里，长江南岸的赤壁山。隔江与乌林相望。赤壁山又名石头山。相传由于赤壁之战时，孙权刘备联军，在此用火攻，大破曹操战船，当时火光冲天，照得江岸崖壁一片彤红，"赤壁"由此得名。

由于蒲圻赤壁在我国军事史上十分重要，咏吟赤壁的诗句相当多。例如，大诗人李白就曾有《赤壁歌》一首："二龙争战决雌雄，赤壁楼船扫地空。烈火冲天照云海，周瑜于此破曹公。"晚唐诗人杜牧的《赤壁》更是人所共知："折戟沉沙铁未销，自将磨洗认前朝。东风不与周郎便，铜雀春深锁二乔。"或许两位诗人都曾亲临赤壁山。杜牧还在江畔拾得"沉沙"的"折戟"，于是联想起孔明智激周瑜，把曹植《铜雀台赋》中的"揽二乔于东南兮"的"二乔"解释为江东大乔（孙权夫人）、小乔（周瑜之妻）的故事和诸葛亮借东风的传说，有感而作《赤壁》一诗。

其实，不管李白、杜牧是否到过赤壁，杜牧是否真的捡拾过"折戟"，而今天在蒲圻赤壁之地确实常有铁制的兵器出土，如刀、剑、戟、箭镞等，累计数量竟逾千件之多。赤壁山、南屏山、金鸾山一带，往下深挖一米，往往也有这一类文物出土。而相反，在别的地方的所谓"赤壁"却极少这类古兵器出土，进一步佐证蒲圻赤壁是赤壁之战的赤壁无疑。

蒲圻赤壁，不但有起伏毗连，苍翠如绘的赤壁山、南屏山、金鸾山，而且其中保存的摩崖石刻、拜风台、凤雏庵、翼江亭等文物和建筑，错落隐现，幽胜诱人。特别是赤壁山西南部，嶙峋临江，斜亘百丈，恰大江汹涌，直扑山壁，尤在涨水时，激浪飞溅，高达丈余；噌吰雷鸣，远震里许，气势磅礴险峻，成为历代名人攀登凭吊、吟咏抒怀的所在。

在赤壁矶头的石壁上，刻有各种文字、印记、诗赋和画像。仅镌刻"赤壁"二字的题榜即有四处之多，其中字体最大的"赤壁"题榜为楷书,字径达150厘米×104厘米,气势雄健、遒劲苍古,相传系周瑜亲笔所题。南朝宋时诗人谢叠山乘船经此时,亦曾见石壁有这两字。据说赤壁之战大获全胜的周瑜,为纪念此次大战,挥毫题写"赤壁"二字于石岩;因是巨手神笔,力盖千钧,字迹竟透过石岩到了另一边,以致在山后映出了反体的"赤壁"二字。历年涨水,即使洪峰惊天,这"赤壁"石刻却绝不受淹。这个传说,确实神奇。今天在"赤壁"大字之上下方均可看见别的刻字,其上方刻高达120厘米的"鸾"字一个,旁题"同治壬申年仲夏月"款识和印记;其下方有古代游人题记和明洪武十八年(1385年)镌刻的诗文。近旁有诸葛亮及刘备、关羽、张飞等人的画像。这组古代石刻,左右配伍,上下辉映,使点苔泛绿、剥痕耀红的石壁更有意趣。

蒲圻赤壁的名胜古迹,几乎都与赤壁鏖战的故事联系在一起。如临江挺立于山巅的"翼江亭",相传是东吴的军事哨所,周瑜和诸葛亮均曾在此瞭望江北曹军的动静。南屏山上的"拜风台",是孔明祭东风之处。掩映于苍松翠柏间的"武侯宫",陈列着一大批当地出土的兵器。而金鸾山上的"凤雏庵",传说是庞统献连环计、披阅兵书的地方。

武汉掠影

由武昌、汉口、汉阳三镇鼎立而成的武汉,地处长江和汉水交汇处,京广铁路纵贯全城,滔滔大江横穿全境。它上控川湘,下扼苏皖,南接岭南,北通京津,交通十分方便,素有"九省通衢"之称;形势极为险要,为历代兵家必争之地。(参见"武汉地区历代变化示意图")

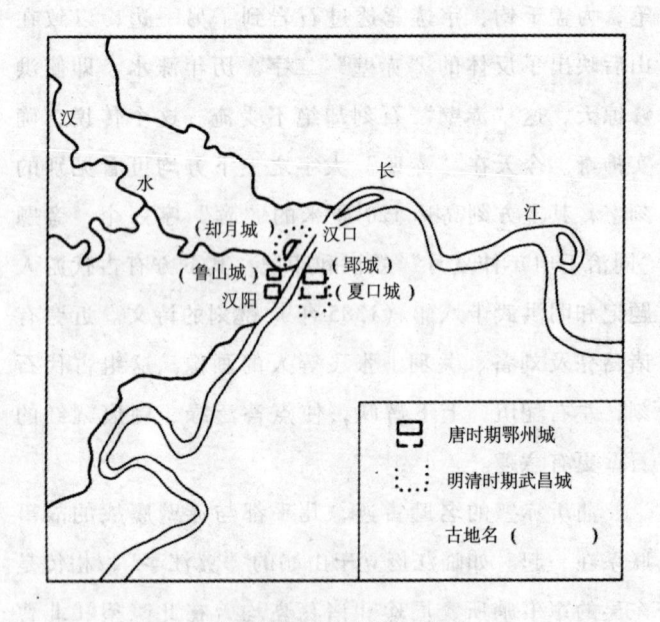

武汉地区历代变化示意图

三镇中的汉阳和汉口均在长江西岸。地处汉水南岸的是汉阳,处于汉水北岸的是汉口。而武昌则在长江东岸,与汉阳、汉口遥遥相望。三镇唇齿相应,经历了一个漫长的形成岁月,如果从东汉末简陋的军事城堡算起,已有1900多年的历史了。

在春秋战国时期,这里是楚国的地方,秦属南郡,西汉时是江夏郡沙羡县境。东汉末称为夏口,因地当夏水（汉江下游的古名）入长江之处，故名。又有沔口、汉口、鲁口之称。其后在此陆续建立了三个军事城堡：一是却月城（在今汉口），是东汉末江夏太守黄祖所建。一是鲁山城，由刘琦继任江夏太守时在鲁山（又名大别山、翼荆山，即今汉阳龟山）建的城。一是夏口城，是孙权黄武二年（223年）所建，城址在江夏山（又叫黄鹄山，即今武昌蛇山）。当时，江夏太守屯兵夏口，习惯上将其所驻之城叫做夏口城。所以，却月城和鲁山城都曾先后被称为夏口城。西晋时，复置沙羡县，治夏口城，而却月城为曲陵县治。东晋时，沙羡县迁治却月城，曲陵县被废。南北朝时，宋孝武帝孝建初年，郢州治夏口城，从此，夏口城被称为郢城。隋文帝置鄂州治郢城，改郢为江夏县，又置汉津县治鲁山城。隋炀帝改鄂州为江夏郡治江夏县，改汉津县治鲁山城，属沔阳郡。唐代，江夏县为鄂州江夏郡治，后为鄂州武昌郡治；汉阳县为沔州汉阳郡治，后沔州废，汉阳县改属鄂州。五代后唐时，江夏县为武清军治；后周时，汉阳县为汉阳军治。宋代，江夏县初为鄂州江夏县治，后为武昌军治；汉阳县为汉阳军治。元代，江夏县初为鄂州路治，后为武昌路治；汉阳县为汉阳府治。元末，徐寿辉起义后，称天完国，曾建都于汉阳。后来，陈友谅又建大汉国，都江夏县。明代江夏县为武昌府治，汉阳县为汉阳府治。汉口原是汉江汇入长江处的三角洲，全境为一片沼泽。明成化年间，逐渐成陆。明嘉靖年间，设汉口镇巡司，属汉阳县，汉口之名亦始于此。清代，江夏县仍为武昌府治；汉阳县仍为汉阳府治；在汉口增设仁义、礼智两巡检司，移汉阳府同知驻汉口。清中后期，随着商品生产和长江航运事业的发达，武昌府治江夏县成为湖北省会。咸丰十年（1860年），汉口被帝国主义强迫开为商埠。光绪二十四年（1898年）在汉口设置夏口厅。民国初年，夏口厅被改为夏口县，后改为汉口市；江夏县改武昌县为湖北省治，汉阳县不变。新中国成立后，把汉口、汉阳、武昌合并为武汉市。汉阳县迁于蔡甸镇，武昌县迁治于纸坊镇。

武汉三镇地居长江中游，临汉江、长江交汇处，无论从巴蜀顺流而下，还是从扬州溯江而上，或由雍秦顺汉江而下，都为武汉所控制。武汉的得失对战局的成败有极大影响。三国时期，曹操和孙权曾多次进行较量；元末徐寿辉、陈友谅义军曾以此为活动中心；清代太平军也曾在此进行过艰苦的保卫战，与清军殊死拼搏。1911年10月10日，武昌首义胜利，革命党人在这里建立了湖北军政府。1926年9月，以共产党员为核心的叶挺独立团和其他革命军队一起，在汀泗桥和贺胜桥战役中，击溃了北洋军阀吴佩孚的主力，攻克了武汉，国民党政府由广州迁到武汉。抗日战争时期，武汉保卫战，显示了中国人民抗击日本侵略者的气概。

武汉三镇又是重要的商业都市。南北朝时期，郢城的商业已比较发达，城外临江的商业区长达数里，人口有十多万。虽然屡遭兵火，但恢复很快。到了唐宋时期，工商业更为发达，商人东下扬州，西抵巴蜀，商业区集中在城外的南市和鹦鹉洲,货物堆积如山,极为繁荣,出现了"十里帆樯依市立,万家灯火彻宵明"的极盛景象。黄鹄山上的黄鹤楼已是盛誉天下。元、明时,商业集中在汉阳城外的刘公洲。元末陈友谅都江夏县时,曾修造大楼船,"高数丈,饰以丹漆,每船三重,置走马栅,上下人语声不相闻,橹箱皆裹以铁。"陈友谅造了几百艘这种"铁甲舰",可见当时造船业的发达。明代中叶,汉水改由郭师口直冲入江,汉口始有湾泊之所,可以停船,市场慢慢形成,贸易往来皆集于此,商业繁华。到了清代,汉口的工商业有了进一步发展,许多江浙商人都迁到汉口居住。有人作诗描绘其盛况:"石填街道,土填坡,八码头临一带河,瓦屋竹楼千万户,本乡人少异乡多。"从市容和居民成分概述了这座新兴商业城镇的特点。另有诗云:"扬州锦绣越州醅,巨木如山写蜀材,黄鹤楼头望灯火,夜深江北估船来",生动地勾画出这里已成为各省货物集散地的繁华景象。汉口不仅是长江上下游货物的集散地,而且是淮南售盐的总岸,向来船到随时交易。所以"估船来"也必然包括盐船在内。由于工商业的发达,明末清初,汉口更与河南的朱仙镇、江西的景德镇、广东的佛山镇齐名,合称为中国的四大名镇。

　　武汉地上地下保存了大量历史文物。重要的古文化遗址有:新石器时代的放鹰台、老人桥遗址、商代盘龙镇遗址和宋代湖泗窑址等。著名的名胜古迹有:闻名遐迩的洪山宝塔、佛教圣地归元寺、引为千古美谈的古琴台、独具特色的栏杆石砌建筑群，以及中国第一位铁路工程师詹天佑和一代伟人毛泽东、周恩来、刘少奇、董必武的故居等。现有国家、省、市文物保护单位132处。

自古以来，武汉就是游览胜地。骚人墨客来此尽兴者史不绝书，留下许多传世之作。其中崔颢的"昔人已乘黄鹤去"、李白的"黄鹤楼中吹玉笛"、陆游的"汉口船开摧叠鼓"等，叙事抒怀，均属绝唱。市内有屈原"行吟泽畔"的东湖，"俞伯牙摔琴谢知音"的古琴台，"跨鹤仙去"的黄鹤楼，名闻海内的古刹和浮屠等。但是，最让人感兴趣的是东湖风景和归元禅寺。

位于今天武昌郊区的东湖，山清水秀，风光旖旎。一年四季苍翠欲滴，鲜花不断。每逢春回大地时节，群芳吐翠，争奇斗艳，信步湖滨，柳岸闻莺，令人流连忘返；入夏，粉荷垂露，青盘滚珠，穿行其间，顿觉心旷神怡；深秋，金花怒发，丹桂飘香，恰如人间蟾宫；隆冬，高洁的红梅，千姿百态，傲霜斗雪，如若踏雪赏梅，更另有一番情趣。

东湖水面约33平方公里，碧波万顷，水鸟出没，游船往来，渔舟荡漾，临岸眺望，心旷神怡。全湖港汊交错，素有"九十九弯"之称，湖岸曲折，吞吐奇丽。加以大湖之外连小湖，小湖左右又连湖，起伏隐现，莫穷其尽。湖北面的白马洲，相传是东吴鲁肃葬白马之处。沿湖北行，穿过渔光村便可到达九女墩。九女墩是埋葬太平军9位女英雄的地方，苍松四合，翠柏成荫。相传1855年前后，太平军在武昌保卫战中，有九位妇女参加战斗，英勇不屈，直至牺牲。战斗结束后，当地群众悄悄把这九位没有留下姓名的英雄合葬在这里。为防止清兵毁坏，把九女坟改名九女墩。

归元寺在汉阳翠微街西端。清顺治初由白光和尚就明代王章甫葵园旧址创造，为武汉四大丛林之一，取"方便有多门，归元无二路"之意。因迭经战乱，屡败屡兴。现存建筑，系清同治三年（1864年）、光绪二十一年（1895年）及民国初年陆续重建。寺内现有韦驮殿、大雄宝殿、天王殿、地藏王殿、罗汉堂、藏经阁、大士阁等建筑，有翠微峰、翠微井等古迹，有小亭、花坛等设置，布局谨平，设计巧妙，虽为佛教寺院，却具园林特色。罗汉堂内释迦牟尼、观音大士、文殊普贤等佛像，形体高大，神情肃穆。五百尊罗汉，起伏坐卧，喜怒哀乐，各具姿态，各有特色，富有浓厚的生活气息，惟妙惟肖。据说，这些雕塑技艺极为精湛的罗汉塑像，是清道光年间的雕塑家黄陂父子花了整整9年时间才塑成的。由于确实精美，故不仅名扬三楚，而且载誉五洲。其中"六童戏罗汉"尤其令人赞叹。雕塑家在一个罗汉身上，安排了6个儿童，分别从不同的角度与大腹便便的罗汉嬉笑逗趣，或掏耳，或摸鼻，或抓脚板，或扯腰带，把个胖和尚逗得大笑不止，令观者亦难免发笑。从雕塑艺术上说，归元寺的罗汉比北京碧云寺和苏州西园寺的罗汉更出类拔萃。寺中藏经阁建筑绚丽，装修典雅，其中保存着贝叶真经、藏经及象牙、玉石雕刻和铜铸造像等佛教经典与珍贵文物。

此外，汉口、武昌还有辛亥革命起义旧址、孙中山先生铜像、二七纪念馆、施洋烈士墓、中央农民运动讲习所、八七会议旧址、八路军办事处及一些伟人旧居，都值得很好瞻仰。

当然，武汉的武昌鱼、洪山红菜薹、莲藕、小磨香油、重糖烘糕和青山麻烘糕等传统土特产也诱人垂涎。

大江之旁的武汉三镇，已经历了千百年沧桑。浩瀚的长江奔泻千里，碧绿的汉水纤绕如珙，秀丽的湖泊星罗棋布，壮美的山峦起伏蜿蜒，峭壁垂河，青山浮水，构成武汉壮观的江城风光，实在值得一游，哪怕是浮光掠影也好。

6 成珠拨翠话樊口

今天湖北鄂城县西北，大江之南，梁子湖入江之处称为樊口。由于侧卧江滨港畔，半枕退谷樊山，有"玉带拴珠"之趣称。

樊口又名衙门港，亦名金子矶。历史相当悠久。《武昌县志》说，汉高祖刘邦灭楚后，把这里封给临武侯樊哙为食邑之地，并设重兵把守。因此，这里的湖山多冠以樊为姓，如樊湖、樊港、樊溪、樊川、樊山以及樊口等。

樊口不但以产"甲天下"的鳊鱼（武昌鱼）称著，而且历来还是兵家必争之地。由于依山濒江，有险可守，必然是军事要冲。三国时，吴王孙权迁都武昌（今鄂城）时，在樊口筑"樊口戍"。刘备弃新野、败当阳后，与诸葛亮、关羽、张飞"尽移江夏之兵，进驻鄂县之樊口"。后来，东吴大将周瑜、程普与刘备会师樊口，共商北上破曹大计，大败曹兵于赤壁。太平天国义军渡江北上时，曾占据樊山扼守江面，攻克黄州。

樊口自古名胜汇聚，樊西有传说中的伍子胥投江的芦漪渡，樊东有吴王钓鱼台，樊山上有吴王孙权的避暑离宫、祭天坛，樊山下有唐代大将军、诗人元结耕钓的杯湖、退谷。宋代以"满城风雨近重阳"诗句闻名的诗人潘大临，因家境贫寒，客居樊口，打鱼卖酒，惹得"樊口潘生酒"名噪宋、元、明、清。苏东坡被贬黄州后，慕名乘小舟来樊口，常与潘大临携酒登山，酌酒论诗，留下了千古传诵的"忆从樊口载春酒，步上西山寻野梅"的诗句。

清以前的樊口，江湖之间本无堤坝阻隔的。每逢外江发洪水，内湖必闹洪灾，滨湖万顷良田必被淹没。光绪三年（1877年），樊口百姓推举汪国源、胡炳卢二人负责，在樊口筑坝御洪。可是，当时任湖北督臣的安徽人李瀚章却断言这样做将把祸水东引入安徽巢湖，除下令毁掉樊口子堤外，更将汪国源斩首示众。直至民国初年，当局才正式决定在樊口修堤、筑坝、建闸。1925年，两座水闸终于建成，分别取名"民信闸"、"民生闸"。但1949年，在人民解放军渡江之前，两闸竟被国民党军队炸毁。直到解放后，才在樊口沿江一线筑起百里江堤;在樊山下修建了一座十孔大闸;近年,又在民信闸旁建成一座宏伟的电力排灌站。

樊口一带的土特产也很有名。除了独产于樊口的武昌鱼外,梁子湖的藠头、长港的甲鱼、樊湖的白莲,都远近驰名。

7 东坡赤壁

在今湖北黄冈县的西北角赤鲁山下,有一处位于长江之滨,与蒲圻赤壁齐名的古迹——"东坡赤壁"。

"东坡赤壁",又名黄州赤壁。《黄州府志》载:"岩石屹立如壁,其色赤,亦称赤壁。"黄州赤壁形态酷似一只赤色的鼻子伸入江面,所以又有"赤鼻矶"之称。

在江汉之间,共有五处赤壁,分别在蒲圻、武昌、汉阳、汉川、黄州(唐以后治所即今黄冈县)五地。其中,正如前文所述,蒲圻赤壁是"赤壁之战"的赤壁,这已为大多学者所赞同。为了区别于蒲圻的三国赤壁,早在清代,画家郭朝祚在此特意书写了"东坡赤壁"四个大字。

"东坡赤壁"因苏东坡而得名。北宋元丰二年(1079年),苏轼被贬黄州,任团练副使。因政治上的失落,自号"东坡居士"。他在黄州生活了4年零3个月,多次游览赤鼻矶,有感而作,写出了《念奴娇·赤壁怀古》和前、后《赤壁赋》,致使黄州赤壁一时名列"湖北五赤壁之冠"了。

其实,黄州赤壁在唐代已是有名的游览胜地。晚唐诗人杜牧称赞它："地胜足楼台"。在这以前，李白与杜甫亦都留下了咏唱黄州赤壁的诗篇。到了宋代，已有著名的四楼——月波楼、栖霞楼、竹楼和涵晖楼供游人玩赏。当时的王安石、辛弃疾、陆游、王禹偁、岳飞、文天祥，都曾在赤鼻矶头留下了他们的足迹。宋以后，许多著名的诗人、画家也都在此留下了诗痕画迹。如今，我们所能见到的咏唱黄冈赤壁的诗歌竟有三四千首之多。

陆游曾两度游览黄州赤壁，用"佳处"二字作为对此的评价。苏辙登临赤鼻矶，面对东流的江水，发出深深感叹，因为他看到矶下的大江"至于赤壁之下，波流浸灌，与海相若"。长江在这里，差不多同大海一样宽阔，洪波奔涌，远水连天，十分悦目怡情。苏东坡把黄州赤壁景物描绘得更加雄奇壮丽，更有气魄。他挺立矶头，吟出了"大江东去，浪淘尽，千古风流人物"的千古名句。在《念奴娇·赤壁怀古》中，他看到的赤壁是"乱石穿空，惊涛拍岸，卷起千堆雪"，何等雄奇壮丽。在苏轼的笔下，冬季月夜时，赤壁"江流有声，断岸千尺，山高月小，水落石出"。当月夜泛舟赤壁下，只见"白露横江，水光接天，纵一苇之所如，凌万顷之茫然，浩浩乎如凭虚御风而不知其所止，飘飘乎如遗世独立羽化而登仙"，多么令人神往。后人为了纪念这位伟大文人，自元至今，相继在这里建堂竖碑，修亭立阁，计有一堂（二赋堂），一楼（挹爽楼），二阁（留仙阁、碑阁），六亭（坡仙亭、酹江亭、睡仙亭、放龟亭、喜雨亭、问鹤亭）等。

8 一山飞峙大江边

在江西九江市南、鄱阳湖湖口之西,有一座千百年来令人神往的名山,那就是以"奇秀甲天下山"著称的庐山。

"庐山"之名最早见于司马迁的《史记》。在《史记》前后的典籍中,庐山又被称作"天子都"、"天子障"、"南障山"。南宋朱熹在《九江彭蠡辨》中,还认为《尚书·禹贡》中的"敷浅原"即是庐山。关于庐山的名称,还流行如下三种传说:

其一,传说周威烈王时(即公元前4世纪),有一位匡俗先生,在庐山学道求仙。周天子屡次请他出山相助,匡俗屡次回避,潜入深山之中。有人说他成仙去了。后来人们就把匡俗求仙之地称为"神仙之庐"。并说庐山之名因此而得。因为成仙之人姓匡,所以又把庐山称为匡山,或称作匡庐。到了宋朝,为了避宋太祖赵匡胤名讳,而改称康山。

其二,传说周朝时,有一位方辅先生,同老子李耳一道,骑着白色驴子,入山炼丹,二人也"得道成仙",山上只留下空庐一座。人们就把这座"人去庐存"的山,称为庐山。因为成仙者名辅,所以又称为辅山。

其三,仍然是匡俗先生的故事,但时间较晚,情节也异。说是匡俗之父东野王,曾同鄱阳令吴芮一道,辅助刘邦平定天下,东野王不幸中途牺牲,朝廷为了表彰他的功勋，封东野王的儿子匡俗于鄡阳（今江西波阳县一部分），号越庐君。越庐君匡俗，有兄弟七人，爱好道术，都到鄱阳湖边大山里学道求仙。这座越庐君兄弟们学道求仙的山，被人们称为庐山。

庐山历来为帝皇所重视，特别是秦始皇、汉武帝分别在秦始皇三十七年（公元前210年），西汉元封五年（公元前106年），巡行南方各地，到达荆楚一带时，"浮江而下"，都路过庐山。传说秦始皇、汉武帝都曾兴致勃勃地登上庐山上霄峰和紫霄峰，勒石留念。汉武帝还虔诚地祭祀了庐山，并封匡俗为"大明公"。据《汉书·卫青传》载，汉武帝让他的姐姐平阳公主与大将军卫青合葬，"起冢象庐山云"。

面积达250平方公里的庐山，是怎样飞峙在这一马平川的大江南岸呢？前人有过秦始皇"赶山塞海"的传说：

秦始皇为了修筑自己的骊山陵墓，曾以神鞭劈开骊山一角，将其赶到了长江、鄱阳湖边上。可是，还未来得及将此山再赶入大海，为自己铺平通往蓬莱仙境的道路，丢失神鞭的南海观世音便赶来悄悄地将神鞭换走了。气得始皇帝对着大山猛抽了99鞭，直抽得满山鞭痕，汗如雨下，而此山仍纹丝不动。从此，99条鞭痕便成了99道锦绣山谷；那流淌的汗水，却化作了终年不息的银泉飞瀑。秦始皇扔下的赶山鞭，竟变为耸入云端的桅杆峰。

但传说毕竟是传说，庐山的形成，只能是地质年代地壳构造运动的结果。

在遥远的地质年代，这里原是一片汪洋，后经造山运动，才使庐山脱离了海洋环境。现今庐山上所裸露的岩山，如"大月山粗砂岩"就是元古代震旦纪时代的古老岩石。那个时代的庐山并不高，在漫长的地质年代里，它经历了数次海侵和海退。庐山大幅度上升是在约距今六七千万年前的中生代白垩纪。当时，地球上又发生了强烈的燕山构造运动，位于淮阳弧形山系顶部的庐山，受向南挤压的强力和江南古陆的夹持而上升成山。山呈肾形，为东北—西南走向，形成了一座长25公里，宽10公里，周长约70公里，海拔1000米以上的山地。这就是千古名山庐山的形成过程。

自从佛教在汉代传入我国后，庐山就一直是我国佛教的中心之一。东汉时山上的寺院多至380余处。从东晋到北宋的800余年中，是佛教在庐山十分兴盛的时期。被后人推为东方佛教"净土宗"始祖的东晋高僧慧远大师，曾在此创建了东林寺，对国内外佛教产生过深远的影响。

慧远的东林寺选择的位置和地势相当好，"正对香炉峰。峰分一枝东行，自北而西，环合四抱，有如城廓，东林在其中，相地者谓之倒挂龙格。""寺南面庐山，北倚东林山，山不甚高，为庐之外廓，中有大溪，自南而西，驿路界其间，为九江至建昌（今永修县）孔道，寺前临溪，入门为虎溪桥"（《徐霞客游记》）。东林寺原为西林寺旁的龙泉精舍，后在龙泉精舍原址兴建新寺，因位于西林寺旁，故名东林寺。

慧远从到庐山（东晋太元六年，381年）至去世

（东晋义熙十二年，416年），在庐山36年。据说这期间，他"迹不入俗，影不出山"，一心在东林寺聚集徒众，宣扬佛法，阐发佛理，论赞佛经。他派遣迎远禅师等人，横跨荒漠，逾越葱岭，前往天竺（今印度等地）取经。迎远禅师等返回庐山后，在慧远主持下，将佛经译成汉文，与长安的名僧鸠摩罗什交换经本。慧远撰写《般若经》序文。前后所著经、论、序、铭、赞、记、诗等，凡十卷，编为《庐山集》。慧远还与达官、显贵、学者、闻人，乃至农民起义军领袖相交往。因此，慧远声振遐迩，成为南方佛教和佛学中一个重要派别的领袖。他除了经营自己主持的东林寺外，还扶植、资助他的师兄弟及门人弟子在庐山兴建数以十计的寺庙。庐山西北麓的许多寺院，几乎都与慧远有关，流传着许多动人的故事。东林寺后面百花灿烂、万紫千红的锦绣谷，据说曾是慧远种植药草之地。

庐山上除有"东林"、"西林"、"大林"等三大名寺外，还有"秀峰"、"归宗"、"海会"、"万杉"、"栖贤"等五大丛林。

自东晋以来，庐山向为文化学术圣地。南唐昇元年间（937～942年），庐山白鹿洞被建为"庐山国学"；至北宋初，扩大为白鹿书院，同时与睢阳、石鼓、岳麓并名为天下四大书院。后白鹿书院经南宋理学家朱熹重修，更是声名大震。明清以来，庐山也一直是全国性的文化学术集中地，学者名流，络绎不绝。古往今来，不少诗人墨客、文人学士都曾来过庐山。如陶渊明、谢灵运、孟浩然、李白、白居易、范仲淹、欧阳修、苏东坡、王安石、黄庭坚、陆游等。有隐居于这里的，也有流连忘返的。唐代诗人李白特别偏爱庐山。他到庐山后，认为"予行天下，所游览山水甚富，俊伟诡特鲜有能过之者，真天下之壮观也"。白居易也深感庐山"南檐纳日冬天暖，北户迎风夏日凉"，因此在此建草堂居住，并发出了"匡庐奇秀甲天下山"的赞叹。

庐山"奇秀甲天下山"之说并非过誉。因为这里无论石、水、树、峭……无一不佳。五老绝峰，高可参天，经常被云雾缭绕。说到庐山多雾，这与它处于江湖环抱的地理位置密不可分。由于雨量多、湿度大，水汽不易蒸发，因此山上经常被云雾所笼罩，一年之中，差不多有190天是雾天。大雾茫茫，云烟飞渡，给庐山平添了不少神秘色彩。凡到庐山者，必游香炉峰，因为香炉瀑布，银河倒挂，确实迷人。李白看见香炉瀑布后，万分赞叹，留下了这样不朽的诗句："日照香炉生紫烟，遥看瀑布挂前川；飞流直下三千尺，疑是银河落九天。"香炉瀑布飞泻轰鸣之美，至今仍倾倒游者。庐山瀑布，并非真的是秦始皇神鞭抽山所流之汗水，而是归功于百万年前第四纪冰川的洗礼。由于冰川运动，庐山才有如此多姿多态的飞瀑流泉。由于庐山终年云遮雾罩，时而似薄纱曼舞，若隐若现，使人难以捉摸；时而似大海扬波，气势磅礴。其中，最为壮观的是瀑布云。每当春秋时节，雨霁初晴，从牯岭街向东北方瞭望，常能看到大片大片似波涛翻滚的云雾，越过山顶，泻入山北，云流不断。庐山之神秘，庐山之莫测，历来为诗人称奇。苏东坡到庐山时，游历途中，吟出了自己对庐山的观感："横看成岭侧成峰，远近高低各不同；不识庐山真面目，只缘身在此山中。"其余像峭壁危岩的龙首崖，玲珑俊伟的山南秀峰，高华壮美的大汉阳峰，无不淋漓尽致地展示出庐山风光的旖旎和气象万千的风貌。

在众多游历、隐居匡庐的文人雅士中，只有晋朝著名的诗人陶渊明才称得上是道地的本地人。庐山脚下的栗里村便是诗人的故里。由于"不为五斗米折腰"，陶渊明愤然辞去彭泽县令之职，归居田园。耕读中，他挥就《移居》一诗："昔欲居南村，非为卜其宅；闻多素心人，乐与数晨夕。"诗中的南村，就是今天的栗里。现存的清风桥，据说是诗人荷锄耕作必经之地。而横卧在濯缨池中的大石，相传是陶渊明酒醉后高卧之地。今天石上刻有"归去来馆"四字。陶渊明的《桃花源记》也许得益于庐山恬静的意境吧。

庐山地处副热带湖盆地区，盛夏之时，这里却凉爽如春，气候宜人，历来为游览避暑胜地。但在近代，这里只是帝国主义的租借地、蒋家王朝的夏宫，达官贵人消暑之所，一般百姓难以问津，更谈不上游玩了。

9 神州第一大淡水湖

在江西省北部、长江南岸，有一片像葫芦状的水域，那就是神州第一大淡水湖——鄱阳湖。

鄱阳湖在历史上的变迁，在"五湖"中是比较显著的一个。

鄱阳湖在历史上曾有彭蠡泽、彭泽之称,并非就是古代的彭蠡泽。因为今天的鄱阳湖,在历史时期有一个从无到有、从小到大的演变过程,而古代的彭蠡泽,也有早、晚两期演变之分。早期的彭蠡泽,无论其位置和成因,都与今日的鄱阳湖没有任何关系;后期的彭蠡新泽,与今天的鄱阳湖虽有关联,但也是逐步由小到大发展演变而成的。

第四纪更新世晚期,长江武穴与望江之间的主泓道南移到今天长江河道上。全新世以来,江北残存的河段,因处于扬子准地槽新构造掀斜下陷带,逐渐扩展成湖,并与长江水面相连接,这便是进入历史时期的古彭蠡泽。《尚书·禹贡》扬州:"彭蠡既潴";导江:"过九江,至于东陵,东迆北会於汇";导漾:"东汇泽为彭蠡"。所指正是这一情况。当时长江出武穴后,呈分汊水系,《禹贡》概谓之"九江",传说中的禹疏九江,就是对这些分汊水系的治理,使其汇注于彭蠡古泽。《史记》所载汉武帝"过彭蠡"所指即古彭蠡泽。当时彭蠡泽为江水所汇,其范围约当今长江北岸鄂东的源湖、皖西的龙感湖、大官湖及泊湖等滨江诸湖区。由于古彭蠡泽是长江新老河段在下沉中受江水潴汇而成,以赣江为主的南北分汊水系所夹带的泥沙,在水下新老河段之间脊线上逐渐沉淀,最后露出水面形成自然堤,使古彭蠡泽和长江水道分隔开,江湖分离。到西汉后期,所有分汊水系"皆东合大江"。脱离长江水道以后的彭蠡泽,因为汛期江水泛滥泥沙沉积，湖盆日渐萎缩，最后被分割成若干大小不一的陂池。古彭蠡泽为六朝时期的雷池、雷水等取代。以后又逐渐演变而成为今日的龙感湖、大官湖等滨江诸湖。

而在九江以南，湖口——星子大断裂的江湖分水岭，随着断块差异的升降运动下陷，古赣江下游汇注于此，扩展成为较大的水域，并因长江洪水过程增大而在湖口相通。这就是《汉书·地理志》豫章郡彭泽："《禹贡》彭蠡泽在西"之彭蠡泽。显然，这彭蠡新泽与江北的古彭蠡泽风马牛不相及。因为汉时豫章郡治在今江西南昌市，而彭泽县在今湖口县东南15公里。只不过班固为了附会《禹贡》彭蠡之说，把江南的湖口断陷水域误指为《禹贡》之彭蠡泽而已。因此江南这片水域也一直沿用彭蠡之名。据《汉书·地理志》推断，江南的彭蠡新泽，其南缘不过今星子南面的婴子口（即彭蠡湖口），其最大宽度不过15公里。而据《水经·赣水注》所载，北魏时，彭蠡泽已越过婴子口，在都昌县西北一带，形成一片开阔的水域。到了隋代，"炀帝时，以鄱阳山所接，兼有鄱阳之称"。也就是说，隋炀帝时，彭蠡泽因为有"鄱阳山所接"，已兼有鄱阳之名了。唐宋时，鄱阳湖进一步扩大，湖区的东界，已达今莲荷山与波阳县城之间；南界达康郎山之南的邬子寨；西界濒临松门山与矶山一线；湖的南端并有族亭湖及日月湖两个汊湖，大体上奠定了今天鄱阳湖的范围和形态。元、明两代，随着湖区的继续沉降，鄱阳湖逐渐向西南扩展，赣江三角洲前缘的矶山已"屹立鄱阳湖中",族亭湖也并入鄱阳湖。湖区向南伸展至进贤县北境的北山,日月湖泄入鄱阳湖的水道,也扩展成为南北向的带状的军山湖。清初,松门山以南的陆地相继沉没,松门山成了都昌县南二里湖中的岛山。进贤西北的河汊地区,也形成了仅次于军山湖的青岚湖。这时期,是鄱阳湖发展达于鼎盛之时。自清后期以来,湖区地质构造处于由下沉转为上升趋势。湖区以每年6~10毫米的速度急剧上升,不少原沉降时被淹没的建筑物废墟,又重新高高露出湖面。近年来,湖的南部仍处于缓慢的上升之中,湖心有逐渐北移的趋向。另外,以赣江为主的入湖诸水挟带泥沙的不断淤积,使湖底日益抬高,并在河流入口处形成洲地。鄱阳湖自南向北不断萎缩。更由于解放前官坤豪劣在湖滩上筑堤围垸,争相围垦;1976年以前不适当的围湖造田,致使鄱阳湖以惊人速度缩小。鄱阳湖高水期湖面面积,1954年是5050平方公里;到1976年,仅余3841平方公里;现仅为3283平方公里;平水位面积是2933平方公里。

但是,鄱阳湖的萎缩趋势相对较洞庭湖缓慢;泥沙淤积面积远较洞庭湖为小,因此,它今天已取代昔日的"八百里"洞庭湖,稳居神州第一大淡水湖的宝座。

鄱阳湖不像洞庭湖那样与长江有四口相通,湖盆地势又比长江略高,它只是修、赣、抚、信、饶五水的总汇,并由湖口入江,长江洪水一般很难倒灌入湖,它没有洞庭湖那样调蓄长江洪水的作用。但是,由于鄱阳湖集水面积较大，五河之水通过它调蓄后方泄入长江，滞洪期可达一月之久，因此，能大大减轻长江中、下游的洪水威胁，对和缓长江汛期的洪水，起着一定的作用。

今天的鄱阳湖的形状，从平面上看去，像系在万里长江腰带上的一只大葫芦。它南北长170公里，南部宽约50～70公里，北部束狭仅5～15公里。以都昌和吴城之间的松门山为界，分南北两湖，北湖旧称宫亭湖，宋以后两湖又曾通称为彭蠡，明清以来，全湖被称为鄱阳者日多。湖中有些孤立的岩岛，最著名的是"葫芦颈"口的大孤山，亦称鞋山。山高约百米、前高后低，从侧面望去，仿佛一只少女的绣鞋，漂泊湖心。关于鞋山的形成，古来便流传着许多优美的神话。据说，在远古时代，有个叫大姑的仙女，在鄱阳湖边歇息洗脚，因迷恋那绮丽的风光，一只绣鞋被冲到湖心竟未察觉，后来，这只绣鞋便变成了这座鞋山，故又名大姑山。其实，鞋山是地质年代庐山冰期漂流下来的巨石，长期兀立湖中，被流水侵蚀而成。岛上岩壁峻峭，林木葱郁，建有天花宫，湖光山色相映，风景秀丽。相传，早在公元前21世纪，为治理洪水而足迹遍天下的大禹，曾来鄱阳湖中的大孤山（即大姑山），观察洪水去向，研究治理方案，鉴定治水成果，并在那里"勒石纪功"。离大孤山不远处还有座奇特的蛤蟆石，高约20米，突出湖面，远看活像一只大青蛙。在整个鄱阳湖的四周，到处都有着迷人的景物。

赣北大地夙称"吴头楚尾"，鄱阳湖滨的九江，又是号称"七省通衢"的战略重镇,襟江带湖,地势险要,据此可横截长江,扼控川鄂,席卷三吴,逐鹿中原。所以,古老的鄱阳湖历来为兵家必争之地。秦朝末年,陈胜、吴广掀起反秦风暴,番令吴芮率百越子弟起义响应,派他的女婿英布、部将梅鋗分率鄱阳湖儿郎北上,先后加入项羽、刘邦麾下,在推翻秦朝的斗争中建立功业。东汉末年,那"羽扇纶巾,雄姿英发"的周郎,曾在鄱阳湖操练东吴水军,为造成曹操大军"灰飞烟灭"的赤壁大捷创造了条件。隋朝末年,鄱阳人操师乞、林士弘揭竿而起,在鄱阳湖击毙隋将刘子翊而兵威大振,建立了北起九江,南至番禺的农民政权——楚国,持续斗争七八年。南宋时,民族英雄岳飞曾饮马鄱阳湖,驻节九江,沿江布防以抗金兵。元朝末年,鄱阳、都昌等地的义军健儿,驾小舟策应朱元璋,争夺东南半壁河山。朱元璋与陈友谅统率的两支农民起义军大战鄱阳湖,在康朗山水域激战33天,取得决定性胜利,为控制江南、统一全国打下了基础。清朝后期,太平天国把九江视为天京(今南京)的门户,同曾国藩反复争夺,并取得了威震四方的湖口大捷。

鄱阳湖的风光十分迷人,即使用"四季如画"几个字来概括,也略嫌不足。

每当阳春三月,鄱阳湖畔绿草如茵,柳叶似眉;燕子呢喃、黄莺啁啾。从千山万壑中钻出来的桃花水,活蹦乱跳地向鄱阳湖涌来,湖面渐渐扩展到5000平方公里以上,无边无垠。北宋文学家王安石曾有"茫茫彭蠡春无地，白浪乘风湿天际"的诗句，状写春临鄱阳湖的壮阔气势。这时节，鄱阳湖上风大浪高，足令过客胆战心惊。然而，对那些惯于"任凭风浪起，稳坐打鱼船"的鄱湖渔民来说，春汛是渔业旺季，诚如王安石所咏"水怒如山帆恰开"的境界，敢向风波浪里行。

入夏，喧嚣的鄱阳湖渐渐转现间歇性的平静，微风细浪，碧波粼粼，扁舟轻荡，渔歌悠扬。这时节，鄱阳湖四沿浅水湖、塘里，水面庄稼——莲藕已"红裳绿盖"，争芳吐艳，在平静中添了几分热闹。南宋诗人杨万里吟咏杭州西湖的佳话："接天莲叶无穷碧，映日荷花别样红"，移到这里，似乎境界更为开阔。

"中秋过，雁门开"，面对天高气爽的鄱阳湖，唐初文学家王勃写下："渔舟唱晚，响彻彭蠡之滨；雁阵惊寒，声断衡阳之浦。"秋天，是鄱阳湖畔的收获季节，鄱阳湖上也往往由于江水倒灌，鱼群随水而游，带来一个又一个渔汛繁忙与丰收的季节。

不过，鄱阳湖最使人欢腾的时节，却在"寒露霜降水退沙，鱼人深潭客归家"的数九隆冬。每当开港之际，鄱阳湖上千帆竞发，万网齐张，犹如千军万马驰骋疆场。归帆鱼满舱，人欢跃，欢乐的情绪，丰硕的收成，都堪称一年之最。

浩瀚鄱湖水四季奔涌，入冬不封冻，年平均水温在 18℃ 左右，加上湖滩广阔，水草丰盛，水质肥沃，浮游生物众多，饵料充足，不仅利于湖泊型鱼类栖息、繁育，还吸引部分浅海鱼类溯江入湖来产卵、觅食，成为蕴藏极其丰富的天然鱼库。除青、草、鲢、鳙外,还有鲤、鳜、鲫、鲌、鳊、鳡、鲶、鲍等20多种经济价值较高的鱼类。特别是肉嫩味鲜的银鱼和鱼中上品的鲥鱼,更是古今鄱阳长盛不衰的名特产品。栖息于水中的珍稀动物白鳍豚,曾在鄱阳湖留下身影;另一种豚类动物江猪,常常成群结队出没。传说,江猪与白鳍豚,是被湖主逼死的父女俩变成的。

整治鄱阳湖,曾是孙中山先生在"建国方略"中的设想,但只有今天才能让革命先行者的设想变成现实。

四　下游欢歌

沿湖口东下，长江之水欢唱着步入江天一色的下游。极目处，宽阔的江面，林立的沙洲，短小的支流，直至江海相会。

"江湖锁钥"石钟山

离庐山不远的湖口县境内，长江和鄱阳湖交汇处，耸立着两座南北对称的小石山。南面滨鄱阳湖的叫做上钟山，北面滨临长江的叫下钟山，二山相距不到一里，统称为石钟山。下钟山峭壁临江，山上山下，名景荟萃；一年四季，郁郁葱葱，素有"小蓬莱"之称。

石钟山的由来，其说各异。或依其音响而得称，或按其形状而取名。它的基部浸立江（湖）中，由于流水的侵蚀，形成了众多的穹形石灰岩溶洞。因为岩薄洞多，外巍内空，江湖相汇的激浪，有节奏地冲击着山岩洞壁，发出"冬冬"的钟响声；加上它上锐下宽，很像一座覆盖着的大钟，所以古人便形象地给它取名"石钟山"。由于石钟山由南北两山对峙而成，故又名双钟山。早在汉代《水经》中已有石钟山之载:"彭蠡之口,有石钟山焉。"北魏郦道元则认为,山"下临深潭,微风鼓浪,水石相搏,声如洪钟,因受其称"。唐代李渤在深潭上发现两块石头,北面的击之声清脆而高亢,南面的声厚重而模糊,山名由此而来。北宋苏东坡曾怀着很大的雅兴,与其子苏迈乘坐小舟,特地来到这里,趁着月明星稀,钻进山下的水洞进行实地考察,并写下了著名的《石钟山记》,后以声定名。清代曾国藩认为因"山形如覆钟,乃知山以形言之"。其实,无论以声定名,还是以形定名,均离不开"钟",不妨合一而论。

石钟山地势险要,是长江和鄱阳湖联结的咽喉,"西扼楚蜀,东联吴会,北障新蔡,南捍豫章",故有"江湖锁钥"之称。自古以来就是进可攻、退可守,居高临下的军事要塞,成为兵家必争之地。元朝末年,朱元璋和陈友谅争夺天下,曾出没于石钟山,大战鄱阳湖,持续了十数年之久。太平天国期间,起义军在这里镇守了整整五年,使之成为下游天京之屏障。1854年,曾国藩亲率湘军水师,进犯湖口,结果被太平军以"诱敌深入,封住湖口,各个击破,关门打狗"的计谋,打得落花流水,曾国藩差点丢了性命。此处至今仍有太平天国遗垒留存。

"云静山浮翠,风高浪泼银"的石钟山,面积虽然不大,但有众多的庭院、名亭。如在原有的攀山小径南路半腰上,有依山而建的"半山亭"。亭后有纪念苏东坡的"怀苏亭"和玲珑精巧的"绀园"。绀园内有一回廊，其左有一古老优雅的庭院，圆圆的洞门，精致的小楼，形状很像古代的官船，故亦名"船厅"。厅前是临江的悬岩峭壁，顶上有"江天一览亭"。凭栏远眺，匡庐五老峰，如拱如揖。鄱湖长江，烟波浩渺，百舸争流，涛涌浪翻。回廊的右前方是一字排开的三栋屋宇，中间是"太平遗垒"，左侧是"报慈禅林"，右侧是"浣香别墅"。出"浣香别墅"可至"且闲亭"，过"且闲亭"便是"桃花洞"。若再攀坡而上，那就到了有名的"梅花厅"了。

据说，"梅花厅"的四周曾经有梅树60株，故又名"六十本梅花寄舫"。现今已世事沧桑，梅花树早已绝迹，厅阁也已破败。留下的仅有一棵少见的"三合一"奇树。树根是一株苦楝树，树干上面一半是梧桐树，一半是木梓树。入夏，三棵树翠叶紧抱，难以区别；秋季，苦楝树呈黄色，梧桐树为绿色，木梓树是红色。三色一体活像一位慈母手抱两个孩子，男孩穿绿衣服，女孩穿红衣服，屹立园中不动。实在令观者称奇。

梅花厅的北面是"镇江亭"，东为"归去亭"。"归去亭"是纪念曾在附近彭泽县当过县令的晋代诗人陶渊明而建的。亭的正面是一座橙檐碧瓦的两层楼，原名"飞捷楼"。据说，这是由于此楼建成之日正逢太平天国都城天京陷落，清廷当局便因此而命名；后又改名为"太平楼"。立于城楼俯瞰湖口县城，屋宇层层，楼房叠叠，历历在目。

若游历石钟山下，情趣更浓，泛一轻舟，环绕山脚顺游，只见峭岩直上，陡壁冲天，大有岩屋欲坠之势，令人不敢仰视。山壁的岩石被万古波涛洗刷得玲珑剔透，净洁分明。洪水之时，水涨浪高，洞口被封；枯水季节，水退洞露，穴缝迎水而开，幽邃曲折，室室相通。据《石钟山志》载，洞内刻有不少名诗佳句。

由于石钟山湖光山色，风景宜人，历代不少诗人墨客都曾到此游览，不少仕者王公也曾在此抒怀。其中，陶渊明、李白、颜真卿、白居易、苏轼、黄庭坚、陆游、文天祥、朱元璋、蒋士铨等均曾题诗填词。一代文豪郭沫若，1965年也留有《登湖口石钟山》一诗："偶至石钟山，江天一望宽。水文黄赤界，峰影有无间。日寇沉人岬，湘顽败阵关。太平遗垒在，党校耀人寰。"

今日石钟山上的景物，虽多为清代所重建；但不失其古老秀丽。

2. 小孤山峭马当险

在江西古城彭泽附近，长江北岸，只见一笋状山峰从江心拔起，这就是有"江天一柱"之称的小孤山。

小孤山上游，矶峭水涌，浊浪排空；下游烟波浩渺，水平如镜。南宋诗人陆游对它赞不绝口："凡江中独山，如金、焦之类，皆名天下，然峭拔秀丽不可与小孤山比，自数十里望之，碧峰巉然孤起"，而且，"越近越秀，冬夏晴雨，姿态万变……"

小孤山又名小姑山，与长江南岸的澎浪矶（又名彭郎矶）相望，至今还流传着"小姑嫁彭郎"的故事。北宋大文学家苏东坡，根据民间流传，写下了这样的诗篇："山苍苍，水茫茫，大姑小姑江中央……舟中贾客莫漫狂，小姑前年嫁彭郎"（苏东坡《李思训画长江绝岛图》）。相传很久以前，福建莆田县一位名叫林小姑的姑娘，从小随父母移居彭泽县郊，当地有一名叫彭郎的青年与其相爱。不久，因兵祸，小姑父母双亡，她成了孤女。小姑到处流浪，后被道德真君收养为徒，到四川峨眉山上清观学道。一日，林小姑入山采药，不慎跌下悬岩，幸被一樵夫相救。谁知这樵夫竟是彭郎。恋人相见，难舍难分。自此，他俩避开真君经常来往。日子一久，终被真君察觉，并以"触犯教观"为由，将林小姑禁于禅房。小姑、彭郎自此不能会面。观中有位道童十分同情他们的遭遇。有一天，此道童趁真君去龙虎山相会张天师之机，打开禅房，并偷出真君能带人飞行的宝伞送给林小姑，叫她与彭郎一起远逃。真君回山后，发觉宝伞不在，林小姑逃走，于是求助于张天师。张天师放出飞剑，飞剑在今天小孤山处追上了他们，将宝伞劈为两半，彭郎和林小姑各抓半边，堕入长江南北，化为今日的彭浪矶与小姑山。当然，亦有传说是一对爱情坚贞的渔家儿女，被渔霸迫害投江而亡，最后分别化成小孤山与彭浪矶。

小孤山陡如刀削，只有北麓有一人工砌成的石阶通向山门。登上山门，但见"启秀寺"三个大字横贯门楼；另有洒金直匾"灵照江屿"嵌刻在石壁上，相传为朱元璋所题。据传，当年朱元璋攻陈友谅，一次夜间水战兵败,在追兵紧逼而又迷失航向的危急关头,忽有两盏红灯引路,全军才免于覆没。后来朱元璋得知是小孤山灯火,感激不尽,认为这是神灵护佑,故题匾于此。从山门往上攀,穿过人工石窟,便到了倚山建筑的"启秀寺"。进寺门,即是正殿。正殿面对大江,共有五层,倚立悬岩,顺山势层叠而上,古色古香。各种泥塑的佛像,如小姑娘娘、观音、罗汉等,无不栩栩如生。殿门两侧书有"碧汉空中悬古寺,白云堆里响残钟"对联一副。

出启秀寺,穿过一道铁门,便到达传说小姑梳妆的梳妆亭。亭身不大,但建筑雅致美观。梳妆亭对面,一江之隔,便是彭浪矶。步出梳妆亭,沿回廊向右拐,悬岩尽处立着一块石碑,记录了小孤山传奇般的故事。历代诗人多有题咏,更增添了小孤山情趣。

而在彭泽县东北约15公里的长江南岸,屹立有长江天险马当矶。马当矶素以雄峻著称,是闻名中外的军事要塞。马当矶之上有"江天一柱"的小孤山,下有牛矶、将军庙作屏障,过江便有一大沙洲与之对峙,航道十分狭窄,江流甚为湍急,不愧为江天巧成的门户。

马当矶一带,江风长年不断,且忽小忽大,变幻莫测,古人称之为"神风"。为了免遭覆舟之虞,人们在此建立山神庙,祈求神明护佑。相传初唐时,王勃往洪都(今南昌)去,舟行不利,泊于马当矶下。他登山向山神祈祷,果然北风骤起,当即令船家起锚扬帆,瞬息飞流500里至洪都。王勃到南昌后还感叹不已,这才写出了旷古名作《滕王阁序》。

"长江第二门户"马当矶,历史上经历过无数次鏖战。单说近百年来的两次:一次是清咸丰年间,清廷勾结英帝,共同对付太平军。他们在马当矶驻扎重兵,修筑炮台,仅马当附近香口一战,就屠杀了大批义军和百姓,造成"沿江百里,道路相属,饥民僵毙,地方残破,人烟寥落,鸡犬不闻"。另一次是1937年抗日战争时,国民党政府虽在此设立"马当江防要塞司令部",修筑了牢固的江防要塞,终因国民党政府中有人卖国投敌,密告机密,致使日寇仅用不到两天时间,就摧毁了所有江防工事,占领了马当矶,进而进攻九江和武汉。马当虽险,挡不住卖国贼的蛀蚀。

8. 塔影横江话安庆

大江自西向东流入安徽境内,和发源于大别山的皖河汇合,这一段江面历来又有皖江之称。在大江北岸,就是有名的古城安庆。

早在4000多年前,这里就居住着原始居民。《尚书·禹贡》把这里划入扬州之域。春秋战国时,它先后归舒国、皖国和楚国的附庸桐子国管辖。秦一统后,又被划入九江郡东流县。三国时,东吴大将吕蒙在枞阳门(今安庆老电厂)外筑起了土城——吕蒙城。传说东晋诗人郭璞,曾登上今兴无街一带的盛唐山(旧名登运坡)瞭望,认为"此地宜城"。从此,山下渡口盛唐湾即更名为宜城渡。安庆就是在古宜城渡的基础上发展起来的。到了近代，安庆曾一度是安徽省的省会。

至于"安庆"一名的来历，清康熙《安庆府志》曾有记载，说是"始自宋绍兴之季年"。原来，从隋大业年间起，宜城渡一带就隶属于同安郡，北宋政和五年（1115年），宋徽宗赐同安郡为德庆军；南宋绍兴十七年（1147年），从同安郡和德庆军各取一字，改军名为安庆，寓平安吉庆之意。这就是安庆名称的由来，迄今已有800多年的历史。庆元元年（1195年），又因它是宋宁宗的潜邸（登基前的封地），升为安庆府。府治三迁，先治怀宁（今潜山县），后徙皖口（今怀宁县山口镇），复迁宜城渡。在知府黄干指挥下，建成周围九里十三步，开有枞阳、康济、盛唐（后改为镇海）、正观、集贤五个城门的坚固府城。以后，历代均曾加以整修；清同治元年（1862年），扩建外城直到江岸，并开金保、玉虹两门。今日之安庆市就是以此为基础发展、扩大而成的。

安庆古城，北枕风光绮丽的大龙山脉，南临日夜奔流的浩瀚长江，地理位置十分重要。用古人的话说，它"上控洞庭、彭蠡，下扼石城、京口，分疆则锁钥南北，坐镇则呼吸东西，中流天堑，万里长城于是乎在"。正因为安庆战略地位十分重要，明末抗清英雄史可法驻守安庆时，曾刻石称之为"宜城天堑"。自南宋建城始，安庆便成为皖西的政治、经济中心和战略要地。清康熙元年（1662年），安徽巡抚以安庆府为驻地，直到1944年抗日战争结束，安庆均为安徽省会。

安庆又是一座具有光荣革命传统的城市。元末，赵双刀和陈友谅的红巾起义军，在这一带痛击过元军；太平天国建都天京后，太平军与曾国藩的湘军曾在这里展开过多次争夺战；辛亥革命前后，光复会在此组织过两次武装起义；孙中山先生曾在安庆烧毁过英帝国主义的鸦片。1921年4月，安庆建立了社会主义青年团，自此起，安庆人民在中国共产党领导下，积极配合大别山等革命根据地，坚持进行不屈不挠的斗争。

依山襟江的安庆，景色宜人。有"塔影横江"、"菱湖夜月"、"大观远眺"、"海门夕照"、"雁汊渔灯"、"龙山晓黛"、"百子晴岚"、"石门秋泛"等八大景和九斗十三坡等名胜。有名的"菱湖夜月"，每当皓月当空，渔歌唱晚，此地渔火点点，波光粼粼，实在令人陶醉。人们常说，这里的湖水与岸柳相映衬，春宜晨，夏宜风，秋宜月，冬宜雪，一年四季都有看不尽的美景。城的东南角，有座迎江寺。寺内的振风塔，建于400多年前，每当云淡日丽之昼，皓月当空之夜，清风徐来，波澜不惊，振风塔便将自己的身影倒映在平静如镜的江面上，"塔影横江"之景由此而来。振风塔也就成了这座沿江名城的象征。振风塔在长江沿岸也颇有名气。当地曾经流传着一种神奇的传说：古时，安庆本是一片汪洋。有一年，鄱阳湖闹水灾，一夜之间便把湖边百姓冲入江流。观音大士为了普度众生，摘下一片柳叶，化作一艘神舟，救起了落水百姓。百姓们乘坐神舟顺水漂至安庆，遇上东海孽龙。孽龙当即口吐妖风，掀起冲天巨浪，妄图倾覆神舟。可是，风浪刮了3天3夜,神舟安然无恙。孽龙一气之下,退水800里,于是神舟搁浅岸上,变成了安庆市,船的桅杆即为迎江寺内的振风塔。振风塔高70余米,八角七层,168阶盘旋而上。塔内有砖雕佛像600余座,碑刻51块。登塔顶俯视大江,江阔地宽,水天一色,好一幅壮丽的图景。

一提到安庆,人们不禁想起黄梅戏。黄梅戏发源于湖北黄梅一带,原为采茶歌,加上多云山的樵歌,太白湖的渔歌,总称黄梅调。大约在清道光年间,黄梅戏才从黄梅、湖口、宿松、望江等地向东流行,在以怀宁为中心的安庆地区得到发展。1926年,黄梅戏从农村唱进安庆古城,日后成为享誉海内外的大剧种。

安庆的土特产也相当有名,鲥鱼、大闸蟹、花鲜藕三大特产早已令人垂涎;别有风味的豆瓣酱更为游人争购以为乐事。

4 滨江名邑芜湖

芜湖位于今安徽东部,长江下游南岸。早在春秋时期,因为这里"地势低洼、鸠鸟云集",所以被称为"鸠兹"。当时,它隶属于吴国。据《左传》记载,周元王三年(公元前473年),越王勾践灭吴;周显王三十六年(公元前333年),越伐楚,大败,楚威王尽取吴国故地,鸠兹归楚国统治,因此又曾被称为"吴头楚尾之地"。

秦皇扫六合,统一中国,分天下为36郡,鸠兹隶属于鄣郡。"芜湖"之名始于西汉元封二年（公元前109年）。据《汉书·地理志》载，这一年汉武帝刘彻改鄣郡为丹阳郡，辖17县，其中就有"芜湖"一县。之所以改称芜湖，是因为"以地卑蓄水，而生芜藻"之故（《读史方舆纪要》）。在不同的朝代，芜湖还有"祝兹"、"皋夷"、"鸠江"、"于湖"等别名。

魏、蜀、吴三国鼎立时期，地近吴都建业（今南京）的芜湖，成为吴国的军事重镇。黄武二年（223年），孙吴政权将芜湖县治从位于今芜湖市东42里的鸠兹故城迁往青弋江口的鸡毛山新址，以便扼守长江、青弋江水运航道的咽喉。东晋义熙九年（413年），芜湖县被撤，南唐昇元年间又复置。直至清代，成为安徽省太平府属县。民国三年（1914年），为芜湖道兼县治。

芜湖面对大江，背依赭山，临江的一面又有弋矶山作屏障。"东控勾吴，南连荆楚"而又"扼中江之险"，故为兵家必争的军事要地。据《芜湖县志》统计，从春秋时代的周灵王二年（公元前570年）到清同治二年（1863年），发生在芜湖的较大的战役就有54起之多。传说三国时期东吴大将周瑜，就曾坐镇这里，抗御曹操的80万大军。至今城内还有古战时的城台和周瑜点将台遗址。

芜湖地处物产殷富的江南水乡，水陆交通又十分方便，早在唐代就享有"近海鱼盐富，濒淮粟麦饶"之美誉。南唐时已是"城郭参差"、"楼台森列"、"烟火万家"的繁华之地。宋代以后，随着江南经济的进一步开发，更成为皖南山区、巢湖流域和长江沿岸的物资集散中心。明朝设关税制，将芜湖辟为商埠，在原居民区基础上建筑城垣，迅即造成"百物翔集"、"市声若潮"的繁荣景象，被誉为"长江巨埠，皖之中坚"。鸦片战争后，据不平等的中英《烟台条约》，芜湖被迫辟为对外通商口岸，大米贸易随即兴盛起来，出现"堆则如山，销则如江"之盛况，居于与长沙、九江、无锡齐名的四大米市之首，并成为长江流域的外贸港口之一。曾设有海关，主要出口大米、猪鬃、木材、桐油等产品，由此导致商业畸形繁荣，呈现出典型的半殖民地半封建社会特有的城市风貌。市区内有一条著名的十里长街，分上、中、下三段，几乎全市所有的商店都集中在这条长街上。留春园（在今镜湖公园）内烟雨墩开设着面馆、茶馆，夏天往往因茶客骤增而搭棚营业。茶客多是来芜湖朝拜广济寺（小九华）的香客。大花园（今镜湖与中山路之间），又有小天桥之称，玩把戏的、唱小戏的聚集于此，为劳苦大众娱乐场所。当时芜湖工业极不发达，至解放前夕，全市只有"两个半烟囱"，即一家小型电厂、一家纱厂和一家半停产的面粉厂。城里唯一的一条柏油马路——国货路，长不到150米，曾被洋人讥笑为世界上"最短的柏油马路"。

芜湖市襟江带河，既有明媚的湖光，又有秀丽的山色，更有不少名胜古迹供人游赏。尽管这是一片地势低洼的冲积地带，但却有赭山、神山、铁山、荆山等50多座景色各异的小山，疏密有致地分布于市区和郊外的土地上。其中，尤以赭山最负盛名。元朝文学家欧阳元曾在《登赭山》一诗中描绘其景色和气势："涌出沧溟外，孤高色更佳。气通丹穴雾，光映赤城霞。"此山兀立于市中心的西北角，海拔86米，方圆600亩，有大小两个山峰。满山树木葱茏，土石呈赭色。相传战国时，楚国干将曾在邻近的赤铸山上铸剑，熊熊炉火，竟烧红了赭山上的山石。至今，赤铸山上尚存有"淬剑池"和"磨剑石"等。赭山腰有一座距今900多年的五层宝塔，非常美观；赭山下便是四季飘香的赭山公园。登上赭山之巅的"一览亭"可饱览江城全景。

由于自然的造化和人工的开发，芜湖又具有多湖的特点。镜湖、九莲塘、马塘、汀溏、大荷塘等湖泽池塘，犹如颗颗明珠，散落在大地上。位于市中心的镜湖最为著名。它古时是一片圩田和洼地，到了南宋时才逐渐开发成游览胜地。据《芜湖县志》记载，南宋词人张孝祥在金兵南侵、报国无门的情况下，愤而归隐芜湖，出于对陶渊明的仰慕，他"捐田百亩，汇而成湖，环种杨柳、芙蕖"，使之成为"邑中风景最佳处"，取名为"陶塘"，并在塘边建造"归去来堂"，常与友人在此饮酒赋诗。陶塘北依赭山，南傍弋水，经历代扩建疏浚，面积达230余亩。陶塘又名镜湖，每当春夏之交，细柳生姿，倒映水中，天光云影，虚徐飘忽，胜似一幅水墨画卷，自古就有"镜湖细柳"之称，列为"芜湖八景"之一。

芜湖有名的广济寺，素有"小九华"之称。为唐代乾宁年间所建。寺内藏有唐时为纪念九华山地藏和尚，用砂金铸造的印章，重 3.5 公斤多，为寺内一宝。

此外，芜湖铁画、"背厚膛薄，寸钢寸火，刀口锋利"的芜湖菜刀等土特产，也颇负盛名。

5 遥指杏花村

唐代大诗人杜牧，以其一首《清明》诗使杏花村人所共知。那么，杏花村究竟在哪里呢？是湖北麻城西南，还是在山西？其实，杜牧诗中所指，以盛产美酒而著名的，是今天安徽贵池县城西郊的杏花村。

唐武宗会昌四年（844 年）九月，杜牧由黄州调任池州刺史。唐代池州（池阳郡）治所在秋浦县（今安徽贵池县）。怀才不遇的杜牧到池州后，常常闲庭独步，借酒浇愁。第二年清明节，他独自一人外出郊游。听说城西不远有个杏花村，杏林百亩，花艳如云，村中还有一家黄公酒垆，出售自酿的美酒。于是，便信步向城西而去。当他走了一里多路，天空忽然下起了蒙蒙细雨。因是初来乍到，路途不熟，路上匆匆走着几个行人，他们面容哀伤，一看便知是上坟扫墓的人，他也就不便去向他们问路。正在进退两难之际，只见一个牧童骑在牛背上，迎面而来，杜牧便请问他，酒店在什么地方？牧童指着前边远处的一片杏林说："那边就是！"杜牧纵目远望，只见远处杏林之中，隐隐约约飘动着一面青帘（酒家所悬酒旗，亦名酒幌），轻风细雨扑面，送来阵阵酒香。他便加快脚步，进入杏林，一看，这里就是黄公酒垆。此时，他的帽子、衣服已被霏霏细雨打得半湿了。走进酒肆，要了酒菜自斟自酌起来，三杯下肚，诗兴大发，信口吟来：

清明时节雨纷纷，路上行人欲断魂。
借问酒家何处有？牧童遥指杏花村。

这就是至今仍脍炙人口的《清明》七言诗。自此，杏花村也因而闻名天下。据明《嘉靖池州府志》记载：杏花村旧有黄公酒垆，曾以产酒著名，后来倾圮了。后人曾在一块农田里，发现刻有"黄公广润玉泉"六个字的井圈。明代嘉靖年间，池州府同知张邦教，曾在杏苑村旧地建了一座"杏花亭"，并写了一副对联："胜地已无沽酒处，荒草忽有惜花人"。由于"惜花人"的努力，本已荒芜不堪的杏花村，不久又出现了"杏花飞作雨，烟笛远闻声"的诱人景象。清康熙、雍正时，也曾相继于此筑亭、建坊、葺祠。杏花村酒的盛名更是历久不减。如今，当年古井仍存，井水清冽，俗称"香泉似酒，汲之不竭"。

从杏花村往东，穿过贵池东门，便可见到一座小山，宛如伏虎昂首，坐西向东，这就是名闻江南的齐山风景区。这里怪石嶙峋，洞窟深邃，岩壑优美。山虽然不高，风景却很秀丽，既有三山之胜景，又有五岳之所长。相传杜牧曾多次到齐山游览过。如果说，他在城西"杏村茅舍"写下了流传千古的《清明》

诗,那么,在城东的齐山,他也曾留下了不少美好的名篇秀句。他在一首重阳登齐山诗中写道:

　　江函秋影雁初飞,与客携壶上翠微。
　　尘世难逢开口笑,菊花须插满头归。
　　但将酩酊酬佳节,不用登临恨落晖。
　　古往今来只如此,牛山何必泪沾衣。

　　齐山上有翠微亭遗址。宋朝抗金名将岳飞在绍兴年间奉诏出师池州,曾乘着月色,特地登上翠微亭,写下了《池州翠微亭》诗,抒发了精忠报国,坚决抗金的壮志豪情。

　　位于长江边的杏花村,今日酒香更浓。贵池县杏花村酒厂,生产杏花村白酒、米酒、大曲、香泉酒。其中,杏花村香泉酒最佳,据说保持了当年黄公酒垆的传统风味,明净爽口,清润醇厚,饮后余香留齿。

6 翠螺绝壁采石矶

　　在安徽马鞍山市西南7公里处,有一条玉带般的锁溪河环绕着一座苍翠的山峰。这座山峰,就是翠螺山。它濒临长江,仅高130余米,方圆约5公里,山形酷似田螺,远看犹如一只硕大无朋的碧螺卧于江边,故有"翠螺出大江"之说。翠螺山亦因此而得名。《舆地志》载:"昔有人潜行,云此处通洞庭,旁达无底,见金牛状异,乃惊怪而出,遂称此山为'牛渚山',临江峭壁山崖亦称'牛渚矶'。"翠螺山西北临长江的低凹处，人称西大洼，崖壁间可见古代泊船系缆之痕迹；北边的山脊梁叫蜗牛尾，其间山峦俊秀，溪水缓流；南麓林木郁郁，亭阁隐隐；西麓突兀于江中的悬崖峭壁，就是采石矶，矶头伸向江流之中，奇秀险峻。

采石矶即《舆地志》所云"牛渚矶"，矶高50米，峻峭凛然。与岳阳的城陵矶、南京的燕子矶，统称为"长江三矶"。三矶之中，采石矶又以风光旖旎、山势险峻而居三矶之首。早在1500年前，北齐诗人王僧孺就赞誉它"危岛耸崎、枫林如画"。南宋文学家陆游在《入蜀记》里作了更为详细的记述："采石，一名牛渚，与和州对岸，江面比瓜州为狭，故隋韩擒虎平陈及本朝曹彬下南唐，皆自此渡。然微风辄浪作，不可行云。刘宾客云：'芦苇晚风起，秋江鳞甲生'。王文公云：'一风微吹万舟阻'，皆谓此矶也。"至于"采石"一名，始于三国东吴时期。相传东吴赤乌年间，山上建寺掘井，石矶院的和尚从井中得一块璀璨美艳的石头，后凿成香炉，供在寺内，"采石"一名便传开了。

在历史上，采石矶首先是以大江南北的一个重要津梁渡口和军事要塞而"甲于江南"。采石位于今当涂县境。在相当长的一段时间里，这里一直是一个帆樯林立的港口和人烟稠密的商埠。北宋庆历年间，由于环翠螺山开掘采石新河（即锁溪河），缓冲了长江水势，为往来的舟楫开辟了避风之所，进一步促进了这里的经济贸易的发展，采石渡口到横江馆一度成为繁华的商埠中心。文化也随之日趋兴盛，特别是宗教活动尤为广泛、频繁。《当涂县志》所载采石的寺院、道观、塔祠、亭阁,有名可指的就有几十处之多,有"遍地香火,环山铺陈"之势。

采石矶又是重要的军防基地。自三国起,这里便兵争迭起,为重要江防,扼东西之咽喉。东吴孙策曾在此大破刘繇的牛渚营,奠定了东吴一隅王朝之基。东吴名将周瑜、陆逊都曾在此屯兵。东晋镇西将军谢尚镇守历阳(今和县),也同时筑城驻防于采石。在此以后的千余年里,在采石发生过多次战争。如隋韩擒虎破牛渚灭陈;黄巢义军十万之众破采石,转战江浙,挥师北上;北宋曹彬渡牛渚灭南唐;南宋虞允文于此抗金兵;元末,朱元璋进军太平,勇将常遇春三打采石矶,进而夺取江宁、上元,建都称帝;清曾国藩督水师驻采石镇压太平天国义军,等等。其中,南宋虞允文抗金的采石大战,在我国战史上十分著名。1161年冬,金帝完颜亮驱60万之众,分兵四路南下,企图一举灭亡南宋。金兵于11月8日从横江渡江,想夺取采石。当时,南宋中书舍人虞允文适来此犒师,而采石守军主帅李显忠尚未到任。在军中无帅的危急情况下,虞允文挺身而出,召集散兵一万八千多人,积极备战。他们准备好蒙冲舰和霹雳炮,以对付金兵过江船只。而完颜亮兵多船少,士兵连划桨都不便。宋军的蒙冲舰却往来自如,从舰上用霹雳炮轰击金兵船只,舰上民工也奋不顾身地协同作战,直打得敌人船翻人落水,大部分淹死在江中。完颜亮不甘心失败,转兵到瓜州妄想孤注一掷。他限定金兵三天内过江,否则全部斩首。结果引起兵变，金将射死了完颜亮，派人与宋军议和。这一仗捍卫了南宋的政权，是古代战史上一次以少胜多的典型战例。后来，词人张孝祥以一阕《水调歌头·闻采石战胜》，热情讴歌这一"雪洗虏尘净"的壮举。采石百姓曾在翠螺山麓建造虞允文生祠，纪念他的功绩。

采石矶声名远播，还因为它与唐代著名诗人李白的经历密切相关。唐上元二年（761年），李白穷困潦倒，生活窘迫，不得已来到今当涂县，投靠当县令的族叔李阳冰。李白在这里先后游历了附近的黄山、九华山、梁山、龙山、敬亭山、谢公山（即青山）等地和姑孰溪一带，尤其酷爱采石矶。在采石矶，他流连忘返，触景生情，写下了《牛渚矶》、《望天门山》、《横江词》的著名诗篇。同时，还在民间留下了"写诗台"、"太白酒"、"捉月跳江"等优美动人的传说故事。宝应元年（762年），他病逝在当涂，终年62岁。老百姓为了表达对诗人的怀念和敬仰，于元和年间，在诗人一生跋涉的终点——采石矶，建造了太白楼等胜迹。宋、明、清三代都曾加以整修。现存的太白楼建于清光绪年间，这是一座宫殿式的三层楼阁，底层由青石砌成，二、三层系木质结构，重檐飞阁，斗拱画梁，琉璃黄瓦，甚为雅致。楼内有两尊用黄杨木雕刻成的李白像：立像仰头远眺；卧像左手撑地，右手持酒杯，形象自然逼真。出太白楼，穿过松柏掩映的石径，便是李白的衣冠冢。许多慕名来此的诗人，都要去李白衣冠冢留诗为念。明人梅之焕来此，看到墓前许多诗,甚感好笑,便挥笔《题李白墓》一首:"采石江边一堆土,李白之名高千古;来来往往一首诗,鲁班门前弄大斧。"

过去,采石矶上还有赏咏亭、谈笑亭、三元洞、联璧台、峨眉亭等十多处古建筑,现在多已荒废。但是绝壁临川、突入江中、地势险要的采石矶,却历经千年至今仍为世人惊叹。

7 马鞍山与乌江

马鞍山市位于安徽东部,西濒长江与和县隔江相望。乌江是和县东北的一个小镇,东近长江。一提到马鞍山与乌江,人们便自然想起历史上的项羽。

据《史记·项羽本纪》所载:两千多年前,楚霸王项羽,与汉王刘邦相争,垓下(今安徽灵璧东南沱河北岸)一战,楚军被汉军团团围住。刘邦采纳张良的计策,命汉军在四面军营唱起楚歌,以瓦解楚军的士气。项羽以为汉军已占领楚的全部领土,顿感悲观绝望。一天夜晚,他在军帐中饮酒,见身边只有美人虞姬和经常乘坐的骏马乌骓,不禁慷慨悲歌:"力拔山兮气盖世,时不利兮骓不逝。骓不逝兮可奈何,虞兮虞兮奈若何!"虞姬也起而唱和,歌罢,拔剑自刎。

项羽垂泪别姬后,连夜带领800骑兵突围南逃,一路上不时与汉军厮杀。逃到阴陵(定远县北),又迷路陷入大泽,好容易逃到乌江时,身边只有26骑。乌江在长江之北,南岸便是项羽当年起兵的江东地区。项羽痛感失去江东八千子弟,无颜再见江东父老,断然放弃过江重整旗鼓的机会,将乌骓马送给驾船救应的乌江亭长,命随从骑兵下马与汉军拼搏,杀死汉军数百人,士卒先后战死,自己负伤十多处,自刎身亡。后人为了纪念这位叱咤风云的盖世英雄,在乌江镇的东南建起了霸王庙。

据《和州志》和《历阳典录》记载,乌江高阜上的霸王庙,初建于唐代以前,后经历代修葺、扩建;唐朝诗人李白的叔父,大书法家李阳冰曾为它题写"西楚霸王灵祠"六个篆字匾额。庙内有"圆袍短帽、重瞳虬髯"的霸王像和泥塑的乌骓马等,庙后有项王墓,周围挺立数百棵古松。据传,在清光绪年间尚有大殿、青龙宫、行宫等多达99间半的轩舍厢室。现仅存三间殿堂,塑像、墓碑均毁圮。

乌江老百姓对项羽怀有深厚的敬仰之情,过去每到农历三月三日都要举行一次十分热闹的"霸王会"。这一天,乌江镇张灯结彩,锣鼓喧天,划舟抬轿,放鞭炮,唱俚曲,以此来祭祀这位古代英雄。

项羽作为失败的英雄,赢得后人的惋惜和同情。千百年来,霸王庙里游人接踵,香火不断,出现过"千秋伏腊犹鼓钟"、"题诗不少秦中客"的盛况。对项羽不肯过江东的做法,文人士者有不同评价。晚唐杜牧认为,应该过江东力图东山再起:"胜败兵家事不期,包羞忍耻是男儿。江东子弟多才俊,卷土重来未可知"(杜牧《乌江亭》)。北宋王安石则认为,即使过江东也无济于事。他在《题乌江亭项王庙》一诗中说:"百战疲劳壮士哀,中原一败势难回,江东子弟今犹在,肯为诸王卷土来?"

在乌江镇,有不少与项羽有关的风物。如项羽最后被刘邦打败的散兵镇;项羽自杀的驻马河;项羽饮马和系马的霸王宗和霸王桩,以及有虞姬遗体沉入水中而兰香四溢的兰花塘等。同时,还流传着有关虞姬的一些传说。据传,虞姬出身名门贵族,姿色倾城,胸怀大志,远近不少风流少年向她求婚,均被拒绝。她声称:欲娶我者亦不难,能举得文庙千斤之鼎者毋须媒聘,当即以身许之。从此,众多求婚者只好愧而作罢。一日,项羽在文庙与人比武,只见他手举大鼎威风凛凛。虞姬十分爱慕,连声称赞项羽"大智大勇,臂力过人,国中统一,唯君是望"。于是,以身相许,与项羽结成良缘。项羽也因此声名大振,仅数天工夫就聚集了八千江东子弟兵。所以有人解释"一举两得"这句成语时说,主要源于项羽文庙前举鼎,一得虞姬,二得精兵。

至于马鞍山市,原来只是一个不足300人的小镇,名叫"金家庄",属于当涂县管辖。之所以改称为马鞍山,是因为境内有一座形似马鞍的青山,故有此名。据说,这座马鞍山是项羽送给乌江亭长那匹乌骓马的马鞍变化而成。当年项羽送马后,回军与汉兵交战,最后自刎身亡。已随亭长过江的乌骓马,在对岸看到主人自刎,悲痛难当。一声长嘶之后,竟狂蹦猛撞而死。乌骓虽死,但马鞍犹存,便化作今日青翠如茵的马鞍山。

　　马鞍山处于水陆交通要冲，地势险要，上文所述的采石矶，便位于市西南。同时，马鞍山素有"九山环一湖，翠螺出大江"之说。可见九华、翠螺群峰争巍；佳山、雨山隔湖相望；马鞍山下群居丛拥，采石矶头亭阁峥嵘。因为山水幽雅、景色迷人，历史上不少诗人墨客留下了许多动人的诗篇。李白的"天门中断楚江开，碧水东流至此回，两岸青山相对出，孤帆一片日边来"，正是马鞍山山水之美的写照。

　　马鞍山方圆数百里，丘陵起伏，矿产丰富。黄铁矿、硫铁矿藏量甚富。马鞍山市的建立是与钢铁工业的发展紧密相连的。早在清末，在市区东南的南山、大帽山（今向山）发现赤铁、黄铁矿起，1916年先后有民间矿业公司开采。日寇侵华时成立了马鞍山矿务所、制铁所，进行掠夺式生产。抗日战争胜利后，国民政府设立"华中矿务马鞍山分矿"。但生产一直不景气，到处杂草丛生，城镇荒凉。但今天的马鞍山已发展成安徽乃至全国有名的钢铁之城。

　　马鞍山虽是新兴的工业城市，但它的许多土特产历史悠久。其中以茶干、鲥鱼、太白酒最为著名。茶干已有170多年的制作历史，色香俱佳，美味可口，有"不尝块茶干，白来马鞍山"之说。鲥鱼是"生在鄱阳，长在海洋，死在长江"的名贵鱼，以肉嫩、体肥、油多、骨少、汤美、味鲜著称。太白酒是色泽清澈、质地纯净、味道郁香的佳酿，以太白为名，更增添了它的乡土文化特色。

8 龙盘虎踞南京城

在长江下游南岸，有一座历史悠久的古城，那就是举世闻名的南京。在漫长的中国历史中，曾经先后有八个封建王朝在这里建都。它与北京、西安、洛阳、开封、杭州并称为中国六大古都。

南京虽地处长江下游平原，却坐落在地势险峻而又美丽的丘陵地带。北界为号称"天堑"的长江，东面有以紫金山为主体的宁镇山脉作屏障，周围又有清凉山、雨花台（又名聚宝山）、覆舟山等丘陵高地，南面有秦淮河与太湖水系沟通，与长江三角洲相连。秀丽的玄武湖和"金陵第一名胜"莫愁湖，像两面明镜，镶嵌在古城的东北、西南角。

早在春秋战国时期，吴王夫差就派人在今南京城西朝天宫附近修筑冶城，作为冶炼青铜器之所；到公元前473年，越王灭了吴国后，在今南京中华门外长干桥西南筑了一个土城，周长仅二里多，后人称为"越城"。南京有城池是从这时开始的。到了楚威王熊商时，为了压这里的"王气"，在今钟山（紫金山）和幕府山西麓，分别埋金以镇地，并在石头山筑城，取名金陵邑。这就是南京又别称金陵的来历。以上城址早已圮毁，今仅余遗址让人凭吊。

秦始皇统一天下后，为泄金陵的"王气"，凿断方山、石硊山，引淮水北流，改金陵邑为秣陵县。

三国时，诸葛亮到过金陵，盛赞这里"钟阜龙盘，石头虎踞，真乃帝王之宅！"孙权在东汉建安十七年（212年），便将统治中心从京口移至秣陵，改秣陵为建业。同时，在沿江制高点石头山上修筑了石头城，城周7里100步。南面开二门，东面开一门，西、北两面临江，不再开门。城内设石头仓、石头库，存贮军械粮食物资。后来，又在鸡笼山、覆舟山南麓营造建业城，东濒青溪，西达五台山，南至今淮海路一带。周长20里左右。开始没有城墙，只有篱门，城南开凿了青溪、运渎二河与秦淮河相通。城内建有华丽的宫城，布局大体上仿照东汉洛阳城规模。宫城位于都城中部偏北一些地方，称为"后苑城"。当时繁华的市场和大部分市民居住区都在秦淮河两岸，一直延续到今天中华门外长干桥南大片地区。

继孙吴之后，又有东晋和南朝的宋、齐、梁、陈也都以南京为都城，历史上因此称南京为六朝故都。西晋时一度改建业为建邺，后又因避讳，改建邺为建康。建康之名一直沿用至隋代。

东晋、南朝时的建康城大体上沿用了孙吴时建业旧城，虽各代都有兴筑，但更动不大。开始筑的是土城，南朝齐建元二年（480年）时改用砖砌城墙，开了6个正门和6个便门。城内宫城扩大成建康宫，通称为"台城"，周围有8里，里面的宫殿建筑更趋豪华绮丽。除了建业（建邺、建康）城外，西面清凉山上石头城各代亦不断加固，成为都城外围重镇，派有亲信带兵镇守。都城东南（今通济门附近）筑有东府城，是宰相办公的地方。都城西南（今朝天宫附近）筑有西州城，是西晋末年扬州州治。另外，都城南（今武定桥东南）还有丹阳郡城。建康城至南朝梁武帝时（6世纪上半叶），其范围西至石头城，东至倪塘，南至石子冈（今雨花台），北过蒋山（今紫金山）。东南西北各达40里之广，拥有28万户户口，140万居民。"金陵百万户，六朝帝王都"，这样的规模，使南京当时成为全国第一大城，而且是全国经济文化最发达的城市。这种规模不但在中国，而且在世界都市史上都是前所罕见的。

五代十国时，南唐在南京再次建都，以金陵为名。金陵城在建都之前，已由徐知诰先后两次加以扩建。这座金陵城周围有35里左右，比六朝时建康城还大。金陵城比六朝建康城更向南移，包有石头城和秦淮河。其范围大体东到今大中桥，西至今水西门和汉中门，南及今中华门，北抵今北门阁（珠江路西段）。后来明代南京城大体上就是在这旧址基础上扩建的，这里相当明代南京西南大部，是六朝时建康城外繁华地区，也是明清以来南京人口最密集的地方。在金陵城中部偏北之处，原先筑有子城（即牙城），周围4里。南唐时改为宫城，其范围大致在今内桥之北，升平桥之西，大市桥（羊市桥）之东，小虹桥（洪武路一带）之南。南唐金陵城址，在以后被宋元两代所沿用，并为明南京城奠定了基础。

元末群雄并起，朱元璋采纳了谋士们的建议，指挥大军攻克了当时称为集庆的金陵，改集庆路为应天府，建立吴王政权。今南京新街口南中山路与中华路相接处，就是当年吴王王府所在地。以金陵为基地，朱元璋兼并群雄，统一了中国。

金陵的王气，金陵的富饶和形胜，还有那已初具规模的都城规模，促使建元洪武的朱元璋，最终决定，以应天府为南京，并以南京为京师。南京之名从此开始。南京，第一次成为全国统一政权的都城。朱元璋这种决定，实际上暗合中国自唐宋以来经济、文化重心南移的大势。但应看到，唐宋以来，经济、文化重心虽已南移，但军事、政治重心仍在北中国，偏在江南的南京，无力担负起捍卫中原地区的重任。南京虽有财赋之源，却因为不利于政治与军事上制衡全国，而并非适宜的国都。这也是永乐十九年（1421年）迁都北京的原因之一。迁都北京后，南京仍未降格，作为"留都"保有完整的朝廷机构。

南京作为明朝的首都虽然只有52年，但其发展是空前的。其城范围东连钟山，西踞石头，南阻秦淮，北带后湖，把六朝的建康城、石头城、东府城、西州城以及南唐的金陵城都包括在城内，是我国历史上最大的城市。全城周围共长67里，城内南北长达20里，东西宽11里（最狭处6里多），总面积约120平方公里。共开有13个城门。

明南京城内筑有皇城，位于大城东南隅，是填平燕雀湖（前湖）修筑而成的。皇城内布局大体与明清时故宫相同。现今还存有午朝门、东华门、西安门、内外五龙桥和奉天门等遗址遗物。

明代南京城，给人印象最深的，是它的稳固军事防御格局。城墙最高处在18米以上，最低处约6米，平均高度在12米以上。城墙顶部全用石板铺道，宽度在7米以上。在顶部还建造了13616个垛口，垛长2.75米，垛距0.44米。还有200个堡垒作为藏兵窝铺。城体在当时可谓坚不可摧。它的城基用巨大的花岗岩条石砌成，所用城砖质料细密，规格一定。砌砖时，工匠们将桐油糯米浆和石灰汁搀和后灌入砖缝中，强化了坚固度。

南京城有13道城门，构成南京防御系统总体设计中的重要部分。今天的中华门，当时称为聚宝门，因正对聚宝山而得名。聚宝门为正南门，南北长128米，东西宽90米，总面积为11720平方米。城门全以巨大的条石为基，巨砖为墙，以石灰糯米汁加拌桐油为黏合剂，因此坚固异常。聚宝门外有瓮城四重，由四道拱门贯通。头道瓮城东西两侧设有马道，供守军骑马登城。各门除有双扇木质铁皮包裹的大门外，还建有上下启动的千斤闸，可随时堵截攻城敌人。瓮城还建有藏兵洞27个，以供守城官兵休息和储藏战备物资。最大的一个藏兵洞可容纳千人。

另外，还修筑有外郭城。相传南京城建成后，朱元璋率皇子和大臣们登上钟山，纵览南京新城。群臣无不交口称赞，唯独14岁的皇四子朱棣说："紫金山上架大炮，炮炮击中紫金城。"朱元璋听后顿时醒悟，将钟山、雨花台、幕府山等制高点留在城外，确实对防守不利，于是下令再筑外郭城。外郭城周长号称170里，实际是120里，它主要利用城外围的黄土冈垒筑成，人们称它为土城头。外郭城开了16个城门，直至今天，不少城门名仍在沿用，如麒麟门、安得门、姚坊门（尧化门）等，以作地名之用。

为了修筑南京城，朱元璋从全国征集了20万户工匠，还有正在服刑的罪犯以及南京地区的农民。因地势所限，南京城不似历代方城传统规格，南北长、东西窄，周垣曲折。但皇城却方方正正，中轴对称布局明朗。

明朝南京城被公认为当时世界第一大城，是全国经济文化中心之一。

清代南京仍为江南重镇。太平天国曾建为天京，定都十二年（1853～1864年）。1911年，孙中山先生在此成立中华民国，后虽定都北京，但国民政府又两次还都南京（1927～1937年及1945～1949年）。由于战乱频繁，南京城未能再有新的发展。由于六朝之后，南京又有南唐、明、太平天国、中华民国四个政权在此建过都，因此，又有"十朝都会"之称。

南京地处人烟稠密之区，物产富庶、交通发达，有着光辉灿烂的历史文化。

历史上的南京工商业一直非常发达。名闻世界的南京锦缎，在东晋时开始织造，到了明代更是盛况空前。由于北靠长江，东临运河，水运事业非常发达，造船业遍布江岸。明代郑和下西洋的大型海船就是在这里建造的。郑和所乘"宝船"，最大的长达44丈4尺，宽达18丈，可容纳千人，足见当时南京造船业的水平与规模。

在中华五千年的科学文化史上，南京也曾书写过光辉的篇章。出现过像范缜、刘勰、钟嵘、王羲之、裴松之、顾恺之等思想家、文艺批评家、史学家、书法家和画家。其中，特别是以建康为中心的南朝文学，在我国文学史上享有重要的地位。清代，不朽名著《红楼梦》的作者曹雪芹，在南京诞生，并在此度过了少年时代。《儒林外史》的作者吴敬梓、《随园诗话》的作者袁枚都曾长期居住在金陵。世界上最先准确算出圆周率7位数字的祖冲之，也在南京生活过。中国最大的百科全书《永乐大典》和李时珍的药物巨著《本草纲目》都是在南京编纂、出版的。明初，南京所设的最高学府——国子监，学生多达9000人，其中包括来自高丽、日本、琉球、暹罗等国的留学生。

孙中山先生曾在《建国方略》中指出："南京为中国古都，其位置乃在一美善之地区，其地有高山，有深水，有平原，此三种天工，钟毓一处，在世界中之大都市，诚难见此佳景也。"其实，南京之"佳景"除却大自然的造化外，更重要的是千百年来我们先辈的辛勤开拓、营建。在燕子矶头，今天仍留存有清乾隆皇帝的"御诗"，上面说："当年闻说绕江澜，百尺洪涛足下看；却喜涨沙成绿野，烟村耕凿久相安。"里面不但反映出南京段大江江岸的变化，而且告诉我们，南京的"相安"是南京先民长期"耕凿"的结果。

9 骑鹤上扬州

扬州，位于长江下游北岸，至今已有2400多年历史了。

人类在扬州的活动，与长江江岸的变迁密切关联。在远古时期，长江北岸直抵今扬州北界和西北界蜀冈（昆冈）南缘，其后，由于江流挟带泥沙的堆积，使江岸不断南移；又由于长江主泓道在镇江、扬州之间南北摆动，岸线常多变化。

春秋时，长江北岸原来有个邗国，后被吴国所灭，吴王夫差修筑了邗城（今扬州西北五里蜀冈南缘）。楚怀王十年（公元前319年）在邗城城址上筑了广陵城。西汉时于此置江都国、广陵国。东汉时，为广陵郡治。东晋太和四年（369年）十二月，桓温又在旧城故址重筑广陵城。东晋时曾侨置青州于此。北周时改名吴州。

隋统一全国后，改吴州为扬州，这是扬州得名的开始。大业元年（605年）又改名江都郡。唐初设扬州大都督，与淮南节度使同治扬州。

宋初李重进镇守扬州时，在唐城南半部加以改筑，称为"州城"。南宋建炎元年（1127年）在"州城"基础上修筑了"周二千二百丈"的"宋大城"。宝祐二年（1254年），贾似道在蜀冈广陵故城遗址修筑了"宝祐城"。又在宝祐城与宋大城之间筑"夹城"。人们把宋大城、夹城、宝祐城合称为"宋三城"，又称"蜂腰城"。后来，李庭芝又在宝祐城西门外筑平山堂城。

明代扬州有新旧二城。元至正十七年（1357年）扬州之战中，张德林截城西南隅筑城防守，后称为"旧城"。明嘉靖三十四年（1555年）又在城东商业区筑"新城"，位于宋大城东南隅。明时扬州先后设置淮海府、维扬府、扬州府，以江都县为府治，属南直隶（南京）管辖。清时扬州府仍以江都县为府治，先属江南布政使司，后属江苏布政使司。民国时属江苏省。

扬州地处江淮要冲，自东汉后便成为我国东南地区政治军事重地，成为全国粮、盐、铁主要集散地之一。隋唐后更是我国对外文化联络和贸易的重要港埠。

在历史上，扬州之所以成为重要商埠，这不能不归功于运河的修建。

早在公元前486年，吴王夫差便开凿了"东北通射阳湖，西北至末口（今淮安北）入淮"的邗沟，沟通江淮，使南北物资得以交流，促进了扬州商业的繁荣。

东晋南渡后，地扼邗沟入长江的广陵也相应得到发展。经济重心虽已逐渐南移，但政治中心仍在北方。隋朝时，为了沟通南北联系，尤其是经济联系，不惜人力物力，开凿了全国规模的大运河，沟通江、淮、河、海，以利"漕运"——把南方的布帛粮食通过运河北运。

早年开凿的邗沟，正好处在南北大运河的中段，扬州又正处于南北大运河与长江的交会点上，所以隋唐时的扬州，在全国的地位显得特别重要。唐代宗宝应二年（763年），转运使刘晏改革漕运，规定江南各地租米自本州先到扬州集中，再另行组织漕船循运河运往淮阴，以缩短等候水流涨落的时间。因此，扬州成了漕运中继转运站之一。中唐以后，通过扬州北运的漕米每年不下 400 万石。而且桂林、广州二府和岭南诸州的租庸调也都集中到扬州然后北运。

扬州历来还是"盐运"的集散地。自汉吴王刘濞从扬州的茱萸湾（今湾头）东通海陵仓（今泰州）及如皋蟠溪，开了一条运河通盐运后，扬州便长期是淮盐北运的集散之地，通过官买，运输各地。直到清初皆如此。因此，有"扬州繁华以盐盛"的说法。

除了漕、盐二运，扬州还是富商大贾纷至沓来的发财宝地。朝廷也委派盐铁转运使在扬州兼理漕运和盐运。旧时重要的商品茶叶和木材，特别是豫章（江西）出产的，都先从长江运到扬州，然后沿运河北上。甚至著名的"蜀锦"和药材也先运到扬州外运。

扬州还是采矿业和手工业的重要基地。扬州附近六合的铜城、江宁的冶山及扬州大小二铜山都是著名的铜产地。汉吴王刘濞时就采铜铸钱。唐代扬州所产铜器不但数量多，而且十分精美，其中尤以青铜镜驰名中外。此外，金银器和玉石雕刻也很有名。扬州出产的丝织品十分精美，给朝廷上贡的绫锦，仅次于当时河北的定州。其次，制糖、酿酒业也很发达。更重要的是扬州兴旺的造船业。唐中叶，刘晏曾在扬州设置了 10 个造船工场，以建造大船运输江淮财物。民间自造的船只为数亦相当多。由于工商业发达，经济繁荣，唐代扬州在全国地位十分显赫，有"扬一益二"之称。

唐代的扬州还是中外闻名的国际贸易大港。当时从东南亚各国以及波斯、大食（阿拉伯）等西亚来中国经商的商人,许多都到过扬州,有的甚至在扬州定居。唐中叶,军阀田神功大掠扬州时,"胡商大食波斯商旅死者以千数"。日本曾19次派"遣唐使"来中国;中国高僧鉴真6次东渡扶桑,也先从扬州出发。日本僧人圆仁来华居住10年,是先在扬州登岸的。今天扬州市南的瓜洲古渡,历史上是进出扬州的咽喉。古运河正是从这里汇入长江的。鉴真和尚第一次东渡日本就起航于此。瓜洲,本为长江中沙洲,又名瓜埠洲,唐大历后与北岸大陆相连。

到了北宋,由于漕运仍然采取分段运输的"转般法",扬州仍不失为重要转运站。沈括说:"扬州常节制淮南十二郡之地,自淮南之西,大江之东南,至五岭蜀汉十一路百州迁徙贸易之人,往还皆出其下,舟车南北日夜灌输京师者居天下之七。"

历经宋、元、明三代,西域的宾客、商人,亦有不少到过扬州。其中,有传教的,经商的,还有在中国做官的。至今扬州东关外残留的"西域先贤普哈丁之墓",正是当时对外交往的明证。普哈丁是伊斯兰教创始人穆罕默德十六世孙,南宋末年来中国传教,病死扬州。他死后的葬地,是南宋至清居住在扬州有声望的伊斯兰教徒的从葬区。南宋咸淳年间(1265~1274年)创建的仙鹤寺,成为我国伊斯兰教四大寺院之一。

元代,漕运虽已多取海道,扬州仍不失为河道漕运的要地。明永乐初年,对江南粮食采取海陆兼运北上之法。但永乐十三年(1415年)罢海运粮,专用河运后，扬州又成了漕运的枢纽。清时，更把漕运总督设在扬州。直至清中叶后，由于北运河从山东东昌以南至黄河北岸运道梗塞，道光五年（1825年）首次恢复海运粮米到天津，从此专行海运，扬州与运河漕运之间的历史才告结束。

"腰缠十万贯，骑鹤上扬州"，当我们在扬州进行了一次工商业、航运业历史之旅的考察后，浏览一番这里的湖光丽景是不可缺少的。

据载，清康熙、乾隆曾六游扬州，盐商巨贾们为迎合帝王游兴，不惜巨资，建造了100多处园林建筑。园中，楼台亭阁，争奇斗妍，有扬州"园林之盛甲于天下"之称。扬州的园林兼有北方之雄与南方之秀，独具风格。30里楼台，24景吸引着古今中外的游人墨客。今天市区西北的瘦西湖，具有"两堤花柳全依水，一路楼台直到山"的景观。瘦西湖湖面瘦而长，景物小而俊。湖长8里，沿湖两岸水榭映影，亭阁增辉，名园相连，景色各异。尤其一桥一塔，一彩一素，辉映湖中，显得多姿多娇。蜀冈上的平山堂、大明寺、鉴真纪念堂、谷林堂、欧阳祠和西花园等，都是有名的胜地美景。平山堂前远眺，不由得心旷神怡。有一副集《岳阳楼记》、《醉翁亭记》、《黄岗竹楼记》和《放鹤亭记》中的佳句所作的楹联有恰到好处的描绘："衔远山，吞长江，其西南诸峰林壑优美；送夕阳，迎素月，当春夏之交草木际天。"瘦西湖连胜寺有一白塔，建于乾隆年间，整个造型是模仿北京北海喇嘛塔的形式建造的。传说当时乾隆来扬州，召见当地官吏，询问扬州有无北海那样的白塔,官商随口奉承说有,其实当时扬州并无。因为欺君之罪,定当斩首,官商急中生智,便连夜用盐包堆了一座白塔,让乾隆观赏,随后又在盐塔旧址修了这座白塔。至今还有乾隆皇帝当年登岸时的御码头。此外,曲径通幽的"小盘谷",峰峦巧叠、楼台如画的"寄啸山庄",四季风光并存、造园手法独特的"个园"和以自然风景取胜的"茱萸湾园",在我国古典园林中都别具风格。

扬州还是有名的花城。特有的琼花古已闻名。《隋唐演义》中所说隋炀帝为了看琼花,开凿大运河的故事更是人所共知。其实,史载扬州之琼花至宋代才闻名于世。此花属稀有花卉,逢闰年开放,花瓣大如玉盘,像玉色蝴蝶,花落不着地,随风飞起,香飘十里。传说是一位仙女在地下埋了块玉长出此花,所以取名琼花。此外,扬州芍药有"千叶扬州种,春深霸众芳"之美称。扬州艺菊更是风格多样,清瘦飘逸,素有盛名。盆景也是扬州的传统艺术,始于唐,盛于明、清,在全国盆景中独树一帜。其特点是:借鉴画理,取法自然,树石之间顾盼有情,舒展得势,虚实相映,以有限的景物表现出无限的空间。山水盆景,山石的组合有主有次,高低相宜,疏密得当,有咫尺千里之势,"一峰则太华已寻,一勺则江湖万里",令人如置身于深山大壑之中。

景色秀丽、人杰地灵的扬州,在历史上不但吸引了众多的文人墨客光临,而且出现了不少在文化艺术发展史上占有重要地位的人物。唐初诗人张若虚、著名学者曹宪、李善，大书法家李邕、王绍宗等，都是扬州人。张若虚和贺知章、包融、张旭并称为"吴中四杰"。鉴真和尚曾住持大明寺，他在文化、艺术、医学、建筑等方面都有很高的造诣。753年，他第六次东渡日本成功，向日本传播了先进的唐代文化，为中日友谊写下了光辉的一页。清代的扬州学派及在画坛上开一代新风的以"八怪"为主体的扬州画派，在我国学术史上、绘画史上有着深远的影响。扬州崇尚文教的风气传统悠久，汉晋以来，有经、史、诗、文、医、画、农、兵、天、算的著述2400多种，近两万卷。

扬州的曲艺更是久负盛名。扬剧、木偶戏、评话、弹词和清曲形式多样，至今不衰。有些已有近两千年历史。

扬州烹饪名满海内外，扬州厨膳兼收南北之长，与鲁、川、粤菜系并称为中国四大特色。扬州菜又称淮扬菜，十分讲究火工和调味。

扬州的玉雕、漆器，也是闻名于世。现今留存的，重5300余公斤的大型玉雕《大禹治水图》玉山，是乾隆年间在扬州耗时六载雕琢而成的。清代末期，扬州漆器外销就初具规模，年销量两三万件。1910年和1915年，扬州梁福盛漆器作坊分别在南洋劝业会和巴拿马万国博览会上获一等金牌奖和一等银牌奖。

10 镇江三山

镇江古时叫京口，与扬州隔江相望。这一带的长江又称"扬子江"。据载，镇江已有3000多年的高龄了，但是若与长江的历史相比，又显得是那样的年轻，因为大约6000多年前，镇江还尚未出世。

在镇江市北面的江边，有一座高不到50米的小山，那就是"京口第一山"——北固山。唐《元和郡县志》说：北固山"下临长江，其势险固，因以为名"。因为山壁陡峭，形势险固，历来为重要军防之地。传说南朝梁武帝曾登山顶，北览大江壮丽景色，改名北顾山。

北固山在唐以前就如半岛伸入江中，三面临水，气势极为雄伟。全山分前峰、中峰和后峰。东吴孙权所建铁瓮城（又名京城）以及晋唐以来郡治都在前峰下，现名鼓楼岗。明代因倭寇侵入长江，郡守为了守城，将前峰与中峰凿断，现已成为象山公路的通途。现今所谓北固山，即指中峰和后峰。目前可供登临的只有后峰。中峰和后峰之间有长约100余丈的龙埂相连。清代，太平军守镇江时，曾缘龙埂筑新城至后峰江边。后峰临江，有古甘露寺。寺前有清晖亭和北宋铁塔，寺后有多景楼和祭江亭。当地流传三国时刘备在东吴招亲的故事和遗迹。其中最有意思的当然是吴国太在甘露寺相亲的一段了。在寺后多景楼西有一头石羊，名叫"狠石"，传说当年孙权就是骑在这个石羊的背上和刘备共商抗曹大计的。历史上赫赫有名的赤壁之战的决策，就是在这里酝酿成熟的。"狠石"的"狠"字，可能由此演绎而来。山侧有遛马涧、试剑石，相传也是孙、刘二人暗中比试的陈迹。在北固山的最高处有凌云亭,在此眺望江景情趣更添。《世说新语》记六朝名人苟羡"在京口,登北固望海,虽未睹三山(指海上三神山),便自使人有凌云意"。这大概是此亭得名"凌云"的根据吧!传说这里是刘备在白帝城病逝后,孙权的妹妹(刘备夫人)遥祭并投江而死之处,故此亭又名"祭江亭"。南宋爱国诗人辛弃疾游北固山后,写下了满怀忧国之情的悲愤词句:"何处望神州?满眼风光北固楼,千古兴亡多少事,悠悠,不尽长江滚滚流。"

不尽江流不断塑造着镇江三山。位于镇江市区西北的金山变化最大。早年,它屹立于长江的洪流中,唐代诗人张祜咏金山诗云:"树影中流见,钟声两岸闻"就是当年金山的写照。由于长江水流的变迁,清道光年间金山开始与南岸相接,现已成内陆山。由于百多年以前,金山已与陆地相接,人们不必乘船上山,能够"骑骡上金山"了。骑骡上金山成为当时的时尚。

金山高不过60米;绕山一周,也不过520米。唐代窦庠曾作《金山》诗:"一点青螺白浪中,全依水府与犬通。晴江万里云飞尽,鳌背参差日气红。"所以,金山又有"青螺"、"金鳌"之称。金山之名起于唐代。传说丞相裴休将儿子裴头陀(名法海)送到金山出家,因开山得金,故将山取名金山。法海成为金山开山祖师。民间传说中的白娘娘水漫金山寺的故事就发生在这里。

金山寺始建于东晋,当时叫"泽心寺"。据说,淝水之战后,谢安曾将抓来的俘虏关在山上。宋代曾因皇帝梦游金山，故赐名"龙游寺"。清康熙南巡，亲笔题额曰"江天禅寺"。但人们还习惯通称为金山寺。金山寺庙依山而造，和山石混为一体，宝塔矗立于山巅之上，古洞隐没于山寺之中，构成一幅丹辉碧映的古建筑群画图。因此，金山有"寺裹山"之说。

金山之绮丽，千百年来风雅之士趋之若鹜。因此有"东坡玉带"作为镇山之宝亦不足为奇。

金山之顶为"妙高台"，南宋名将韩世忠夫人，曾在此击鼓助阵，把金兀术围困在"黄天荡"，一举大歼金兵。至今"梁红玉击鼓战金山"仍在代代传颂。

金山还有"天下第一泉"。此泉本在大江之中，原名中泠泉。苏东坡曾有"中泠南畔石盘陀，古来出没随波涛"（《游金山寺》）之描述。唐"茶圣"陆羽评此泉为第七等，后刘伯刍评为第一等，誉为"天下第一泉"。中泠泉水醇厚甘冽，满盛时可高出杯口一二毫米，不会溢出杯外。

镇江三山中的第三山是焦山。它位于镇江市东北长江中，与南岸象山对峙。

焦山高约150米，周长2000米，因东汉陕中焦光隐居山中而得名。从北固山北望，滚滚波涛衬着层层叠翠的焦山山影，恰似江心漂浮着一块晶莹碧绿的浮玉，因此，焦山又有浮玉山之名。

如果说金山是"寺裹山"的话，焦山最大特点便是"山裹寺"。步入山门，只见曲径通幽，古柏参天，燕雀鸣唱，繁花似锦，方知已有1700多年历史的定慧寺和华严阁，都隐没在山腹中。

沿山拾级西行，不多远便是"三诏而不出"的焦光高士隐居之地——"三诏洞"。

焦山自古以来即为游览胜地。山中有六朝柏、宋槐、明银杏树等多种珍贵古树。另有吸江楼观日出、华严阁赏月色、壮观亭望夕照、观澜阁听涛声、别峰庵板桥读书处等名胜古迹。定慧寺古刹是佛教又一胜地。宝墨轩搜集有自六朝至明清碑刻260多方。西山摩崖题名石刻，有唐宋以来200多人的题刻，其中米芾、陆游等人题名最为人注目。同时，焦山还有近代遗存的抗英炮台，让人重温当年反帝斗争历史。

总之，镇江三山，不但让我们了解长江镇江段的变迁史，还让我们饱览多姿多彩的山色丽景。同时，沿着历史的足迹，民间的传说，愉悦了身心。

17 长江的咽喉——江阴

江阴北临长江，城东北黄山，西端的鹅鼻山，突出江中，与江北的孤山相对峙。江面由下游河口段常见的几千米宽，至此骤然紧缩到1000多米，故被称为长江的"咽喉"、"锁航要塞"、长江进吴淞口后的第二道"江海门户"，军事上有"黄山要塞"之称。

黄山西面的黄田港，千百年来，一直是大江南北物资集散地和水陆交通枢纽。北宋王安石有诗赞曰："黄山港口水如天，万里风樯看贾船。"但旧日由于船闸狭窄、水流湍急，经常翻船，人们常说："船到黄田港，性命交托海龙王。"

江阴城历史古老，南朝梁太平二年（557年）置县。至今已有1000多年历史。曾先后为州、郡、路治。其实，春秋时已很有名，"季札三次让国"的故事就发生在这里。今有"季子祠"留存。墓碑上刻有"吴延陵君子之墓"篆体大字，相传为孔子亲笔所题。

江阴还是明代地理学家徐霞客的故乡。至今在古桥上还留有一副对联："曾有霞仙居此坨，依然虹影卧南旸。"南旸就是徐霞客诞生之地。

古城内有高37米的兴国塔，塔身为砖木结构，相传为孙权之母所建。虽历经三次地震，至今仍完好。另外，江阴还保留一块少有的巨型古碑，名为"心经碑"，高3米，宽5.5米。碑上刻有《般若波罗蜜多心经》一卷，全文278字，分13行竖刻，字体为狂草，相传出自唐代大书法家怀素之手。碑刻是阴纹，但在光线侧射之下看，却是阳纹，雕刻技艺实在高超。

江阴既是"江海门户"，因此历代都在这里屯战舰、操水师。鸦片战争后，清政府在此修筑了炮台。1912年孙中山视察黄山后，把"土炮台"换成了"洋炮台"，加强了江防。

江阴有着光荣的斗争传统。这里不仅出现过像钱鹤洲这样抗击倭寇、为国尽忠的爱国者，而且出现过像阎应元这样的民族英雄。他率领江阴军民坚守孤城81天，使清军死伤7万多人。城破之日，展开激烈巷战，守军全部壮烈殉难，无一投降。1915年，袁世凯称帝，革命党人杨闇公秘密到此策动起义。1939年，陈毅新四军部曾在此驻军。1949年4月21日，百万雄师过大江，黄山蒋军起义，活捉要塞司令，迎来了解放大军的滚滚洪流。

12 黄浦江畔大上海

"襟江负海"的黄浦江，是长江最后一条支流。它导源于太湖，在青浦县的淀山湖，汇集了浙江省北部诸水，在上海市区和苏州河相会，合流到吴淞口流入长江，全长约144公里。在黄浦江畔、长江入海口南岸，就是全国最大的港市——上海。

在大约四五千年前，今天上海地区的西部已经是陆地。在这里曾经发现过多处新石器遗址。上海的先民早就在此从事渔业和农业。据说，今天上海市的西部地区，曾是战国时春申君的领地的一部分，因而上海过去曾称为"申"。

说到上海的历史，不得不先谈谈青龙镇。要说青龙镇，又必须先说吴淞江。

今天的上海，位于太湖流域的前哨。太湖古名震泽，古时湖水由三江（松江、娄江、东江）分泄入海。松江（今吴淞江）、娄江（今浏河）今天仍在，唯独东江在唐代即已湮塞。三江中以松江为主干，宋以前它的江身很宽阔，是太湖尾闾的一条宽阔大江。

吴淞江下游在六朝时称为"扈渎"，"扈"是一种竹编的捕鱼工具，"渎"是河流单独入海之意。后来改"扈"为"沪"。这就是上海后日简称"沪"的来历。六朝时，松江下游已出现渔村、聚落。东晋时，为了防止海寇,在江口缘海修筑了沪渎垒(今青浦县旧青浦之西)。唐代,吴淞江已是苏州境内重要的出海航道。唐末,沪渎已形成良好的渔港。由于太湖流域的商品经济的发展,位于吴淞江南岸,距海不远的青龙镇(今青浦县北旧青浦),成为上海地区内最早的海上贸易港。在唐代,此地已形成一个人口相当集中,居民多以海上贸易和捕鱼为生的聚落。约在五代末、北宋初置镇。唐宋时,苏州全靠青龙、福山二镇交通海外,特别是青龙镇尤为重要。自远洋而来的"珍货远物",大多通过青龙镇"毕集于吴市"。北宋元丰年间,青龙镇成为四周"海商辐辏之所"。大观年间,一度改名通惠镇(南宋绍兴元年复旧)。政和三年(1113年)于华亭县设置市舶务,青龙镇的外贸即受其管辖。南宋绍兴元年(1131年)又于青龙镇设市舶务。翌年,又将两浙市舶司从临安迁至华亭县。青龙市舶务是其所辖五务中最重要的一个。南宋青龙镇规模可观。据载,镇有36坊,镇治堂宇以及市坊中坊巷、桥梁、衢街的规模与县城相仿。茶、盐、酒务在镇上设有税场。两浙、福建、交广及南洋各地船只都会聚于此。人口五方杂处,四海百货交集,商业繁荣。豪富多从事海上贸易,劳动者亦多以受雇当水手或捕鱼为业。为了祈求贩海平安,镇上佛教盛行,寺庙广建。所造龙舟及众多的酒肆,都十分驰名。宋代的青龙镇有"小杭州"之誉。

然而,随着吴淞江的逐渐淤浅,青龙镇历经北宋至南宋初近百年繁盛后日见衰落。

由于吴淞江下游入海段东高西低的地势，造成了吴淞江下游河曲多，水流不畅，夏秋漫溢，造成水灾；海潮倒灌入江，来时汹涌，去时势缓，海沙沉积于江口段，航道阻浅。北宋庆历二年（1042年），吴江县境段吴淞江长桥的修筑，横截江流，以便运河漕运挽路。但因此太湖排水受阻，石桥以下水流缓慢，无力将潮沙冲出江口，致使吴淞江口芰芦丛生，泥沙涨塞。宝元元年（1038年），为治理吴淞江，开凿盘龙江，嘉祐六年（1061年）开凿白鹤汇，截弯取直，加速水流，冲刷积沙。自后，此段吴淞江有新旧之分。新江即今吴淞江，旧江濒临青龙镇，因非主流所经，逐渐束狭，变成吴淞江一条岔流，名青龙江。其后，青龙江渐湮，虽经多次疏浚，收效甚微，江身更趋浅狭，海舶来港日稀。青龙市舶只勉强维持到南宋末年。元末，青龙港已不能停泊海船，明代青龙镇已十分萧条。

　　正当青龙镇衰落之时，上海镇却在悄悄兴起。

　　上海镇位于青龙镇下游吴淞江南岸，因东濒吴淞江支流上海浦而得名。由于比青龙镇更近海，而且上海浦为一港湾，在地理位置上比青龙镇更优越，如此良港取代青龙镇是必然的。

　　其实，上海这一聚落，由于所处地理条件优越，大约在五代宋初已经形成。迟至北宋天圣元年（1023年）以前已置有酒务，称为上海务，是秀州境内17个酒务之一。南宋咸淳初年，上海务建为镇，并设市舶务。建镇之初，规模已很可观。据唐时措《建县始记》载，上海建县前，在镇上有市舶务机关，有榷场，有酒库，有军队驻地，有官署、镇学、佛仙宫馆，吒廛、贾肆鳞次栉比，为华亭县东北一巨镇。

元时，至元十四年（1277年）又重新在上海镇设立市舶司。但大德二年（1298年）上海市舶司被并入庆元（今宁波），标志着上海港海上贸易事业的减退。这当然有"禁商下海"及取消市舶机构等原因，但上海市舶司未能发展到宋代青龙港地位的根本原因，仍然是吴淞江的浅狭。所以至元二十八年（1291年）上海虽然建县，外贸状况并未改观。

历史上吴淞江湮塞主要河段在下游。20世纪30年代今市区内吴淞江（即苏州河）河道已基本固定，而上游昆山青阳港以西，江面还是很宽阔的。但下游江口段被海沙淤积的部位，江口段仅有50米宽，既不利于海舶通行，也不利于太湖排水。虽元初开始不断疏浚，但徒劳无效。不得不于至元二十四年（1287年）开浚了太仓境内通海港浦，将太湖水引自浏河（即古娄江）导经入海，于是浏河替代了吴淞江成为太湖主要泄水道，从而也成为太湖地区出海的主要航道。元代的漕运航路，前后开辟过三条，但都是从浏河口的浏家港（今江苏太仓浏河镇）出海的。据载，太仓属下浏家港因临长江、潮汐汹涌，可容万斛之舟，成为长江口的主要港口，代替了上海港的地位。太仓也曾因此繁荣一时，成为"番汉间处，闽广杂居"新兴的贸易口岸。

明洪武元年（1368年）在太仓设市舶司。永乐、宣德年间郑和多次下西洋，也都是从太仓浏家港放洋的。明前期太仓粮艘海舶、蛮商夷贾辐辏而云集，当时称为"六国码头"。可见元、明前期，太仓浏家港外贸地位已超过上海港。但由于浏河口受海潮长期顶托，口门外形成一条横亘十余里的拦门沙，严重阻碍了船舶的进出，人们仍把希望寄托于上海港。

上海港的再度兴起，完全得益于15世纪初黄浦江的开浚。

黄浦江原是吴淞江下游的一条支流，南宋始见于记载。元时黄浦阔不过"尽一矢之力"，约50~70米。元中叶以后，上流势缓，两岸渐生沙滩，居民在上种葑葭苇，遂使河道更狭。明初范家浜阔不过30余丈。自从永乐二年（1404年）开范家浜接通大黄浦以后，淀柳之水自南而北通流入海，来水丰沛，河道畅通，日夜冲刷，江身日宽，最后将上海县城东的上海浦也吞并了，范家浜之名也湮然无闻。黄浦江成为太湖下游的主要泄水道，吴淞江反成其支流，吴淞口也就成了黄浦口。黄浦江下游江面宽度超过600米。由于吴淞江下游淤塞日趋严重，明正德十六年（1521年）李允嗣领民工"自夏驾浦浚江改入浦之道"，废弃吴淞江下游故道（即今上海虬江路一线），另外拓宽宋家港70余里河道，引吴淞江水至陆家嘴与黄浦江合流，奠定了今日的江浦格局。

由于黄浦江的开浚，弘治年间，上海港的贸易已经相当发达。当时上海商人"乘潮汐上下浦，射贵贱购贸易，疾驶，数十里如反复掌，又多客贩湖襄、燕赵、齐鲁之区"。当时主要还是沿海地区的内贸，海外贸易仍未恢复到宋元时代。由于倭寇骚扰日炽,到嘉靖年间,愈演愈烈。明朝当局只好"锁海",限制沿海贸易。嘉靖三十四年(1555年),上海筑起了城墙(今人民路)以防倭寇,海上贸易也处于停顿。

清初实行海禁,"片板不准入海"。直至康熙二十三年(1684年)清政府宣布解除海禁令,准许沿海运输和贸易。次年置江海关于云台山,后迁漴阙,二十六年迁至上海县,开放海外贸易。从此,上海开始步入东部沿海最大贸易港口的历程。

上海在宋末设镇后,商业日渐兴盛,当时纺织仍以纺麻织布为主。元以前,主要生产粗麻布。元代植棉业已从南方引进,但棉纺织技术却很落后。元代后期,从海南岛引进了棉纺织新技术,促使手工棉纺织业逐渐发展。松江至上海一带,就成为当时手工棉织业的中心。据说元、明时代,松江所织的布有"衣初天下"之称。由于棉布业的发展,上海镇的贸易随之发展,人口逐年增多。至元二十八年(1291年)华亭县东北分出五个乡,设立上海县。当时县区的范围除今天的市区和上海县之外,还包括青浦、南汇和川沙三县地。不久华亭县升为府,上海县属松江府管辖,为松江府治。三江之一的松江,就改名为吴淞江了。

从明末到清初,由于沿海一带土地增长迅速,户口日益增多,上海县的范围数次缩减。明万历元年(1573年)划出西部设青浦县。清雍正二年(1724年)划出南部设南汇县。嘉庆十年(1805年)划出浦东的一部分设川沙县。这时上海县的面积只有原来的三分之一。

清初，我国沿海的海运和商业日见发展；同时欧洲资本主义兴起，常到我国沿海寻找市场，并贩卖鸦片。康熙二十四年（1685年）在上海所设江海关，主要负责管理征税事务。那时，黄浦江中帆樯林立，常有大批船只往返于沿海各港和东南亚各国之间。当时的上海已拥有20万人口。1843年，即鸦片战争第三年，英帝国主义强迫清政府签订不平等的南京条约，上海列为五个通商口岸之一。这以后，美、法帝国主义又相继强迫清政府订立不平等条约，把上海辟为它们的通商口岸。从此，外国侵略者在上海强辟租界，并多次借故扩大，到1915年已向北扩至今虹口公园，南至十六铺、旧城及肇嘉浜，向东扩至周家嘴（今复兴岛西），西至徐家汇及中山公园，面积达46平方公里。与此同时，他们还不断攫取各种特权，如霸占海关，驻扎军队，设立捕房，并取得领事裁判权。在各种特权庇护下，他们大量倾销高价商品，贩卖毒品，开设银行、洋行、工厂，经营各种公共事业，用种种方式掠取高额利润，并利用上海在长江流域及沿海区域航运交通上的便利，以此为据点，深入我国内地进行掠夺。上海逐渐成为工商业畸形发展的半殖民地性质的城市。

　　20世纪初期以后，上海的民族工业日见兴起，上海在全国的经济地位日益重要。早在1913年，北洋军阀政府就在上海设立"镇守使"，以后又改为"松沪护军使"，管辖旧沪海道12县（其范围除今日市区和10县之外，还包括太仓和海门2县）。1926年又设立

四　下游欢歌

"淞沪商埠督办公署",管辖范围包括现今各区及近郊的吴淞、江湾、真如、彭浦、殷行等地,属江苏省。1927年,国民政府在上海设置"特别市",其辖区包括现今各区及近郊一带,面积630平方公里。当时,北至吴淞,南接上海县,西接嘉定、青浦、松江三县,东接川沙和南汇,这就是1949年前的上海市范围。1948年,人口已增至520万。市区建筑除了旧租界区"万国"式的洋楼外,在闸北、南市、沪西及浦东一带仍相当落后,到处是棚户破壁,臭水横流。这就是十里洋场,冒险家乐园的大上海。

结束语

奔腾的大江，历经奋激的上游，迈步于中游之旅，高唱欢歌走完了下游的航程，途行万里，在长江口外崇明岛处汇入浩淼的东海。

长江历史悠久，两岸人文荟萃，名城胜景难以胜数。江水长流，风光绮丽，倾滔滔江水无能尽书其一二。

三峡的壮美，"九曲回肠"荆江水的变幻，城陵矶至江阴河口段沙洲的消长，长江口两岸及崇明岛的演变……为我们叙述了长江干流的发展史。

江流沿岸众多的名城、胜地的发展史，让我们备感母亲河抚育的恩泽。

"黄金航道"的开拓，江上数千年来的征战，赞叹我们的祖先的艰辛和勇敢。当我们不得不就此搁笔时，真正感受到苏东坡"大江东去，浪淘尽，千古风流人物"华章的意境。愿我们的母亲河明日更辉煌，愿华夏子孙明日更豪迈。

《中国史话》总目录

系列名	序号	书名	作者	
物质文明系列（10种）	1	农业科技史话	李根蟠	
	2	水利史话	郭松义	
	3	蚕桑丝绸史话	刘克祥	
	4	棉麻纺织史话	刘克祥	
	5	火器史话	王育成	
	6	造纸史话	张大伟	曹江红
	7	印刷史话	罗仲辉	
	8	矿冶史话	唐际根	
	9	医学史话	朱建平	黄　健
	10	计量史话	关增建	
物化历史系列（28种）	11	长江史话	卫家雄	华林甫
	12	黄河史话	辛德勇	
	13	运河史话	付崇兰	
	14	长城史话	叶小燕	
	15	城市史话	付崇兰	
	16	七大古都史话	李遇春	陈良伟
	17	民居建筑史话	白云翔	
	18	宫殿建筑史话	杨鸿勋	
	19	故宫史话	姜舜源	
	20	园林史话	杨鸿勋	
	21	圆明园史话	吴伯娅	
	22	石窟寺史话	常　青	
	23	古塔史话	刘祚臣	
	24	寺观史话	陈可畏	
	25	陵寝史话	刘庆柱	李毓芳
	26	敦煌史话	杨宝玉	
	27	孔庙史话	曲英杰	
	28	甲骨文史话	张利军	
	29	金文史话	杜　勇	周宝宏

系列名	序号	书名	作者	
物化历史系列（28种）	30	石器史话	李宗山	
	31	石刻史话	赵　超	
	32	古玉史话	卢兆荫	
	33	青铜器史话	曹淑琴	殷玮璋
	34	简牍史话	王子今	赵宠亮
	35	陶瓷史话	谢端琚	马文宽
	36	玻璃器史话	安家瑶	
	37	家具史话	李宗山	
	38	文房四宝史话	李雪梅	安久亮
制度、名物与史事沿革系列（20种）	39	中国早期国家史话	王　和	
	40	中华民族史话	陈琳国	陈　群
	41	官制史话	谢保成	
	42	宰相史话	刘晖春	
	43	监察史话	王　正	
	44	科举史话	李尚英	
	45	状元史话	宋元强	
	46	学校史话	樊克政	
	47	书院史话	樊克政	
	48	赋役制度史话	徐东升	
	49	军制史话	刘昭祥	王晓卫
	50	兵器史话	杨　毅	杨　泓
	51	名战史话	黄朴民	
	52	屯田史话	张印栋	
	53	商业史话	吴　慧	
	54	货币史话	刘精诚	李祖德
	55	宫廷政治史话	任士英	
	56	变法史话	王子今	
	57	和亲史话	宋　超	
	58	海疆开发史话	安　京	

173

系列名	序号	书名	作者		
交通与交流系列（13种）	59	丝绸之路史话	孟凡人		
	60	海上丝路史话	杜 瑜		
	61	漕运史话	江太新	苏金玉	
	62	驿道史话	王子今		
	63	旅行史话	黄石林		
	64	航海史话	王 杰	李宝民	王 莉
	65	交通工具史话	郑若葵		
	66	中西交流史话	张国刚		
	67	满汉文化交流史话	定宜庄		
	68	汉藏文化交流史话	刘 忠		
	69	蒙藏文化交流史话	丁守璞	杨恩洪	
	70	中日文化交流史话	冯佐哲		
	71	中国阿拉伯文化交流史话	宋 岘		
思想学术系列（21种）	72	文明起源史话	杜金鹏	焦天龙	
	73	汉字史话	郭小武		
	74	天文学史话	冯 时		
	75	地理学史话	杜 瑜		
	76	儒家史话	孙开泰		
	77	法家史话	孙开泰		
	78	兵家史话	王晓卫		
	79	玄学史话	张齐明		
	80	道教史话	王 卡		
	81	佛教史话	魏道儒		
	82	中国基督教史话	王美秀		
	83	民间信仰史话	侯 杰	王小蕾	
	84	训诂学史话	周信炎		
	85	帛书史话	陈松长		
	86	四书五经史话	黄鸿春		

系列名	序号	书名	作者	
思想学术系列（21种）	87	史学史话	谢保成	
	88	哲学史话	谷 方	
	89	方志史话	卫家雄	
	90	考古学史话	朱乃诚	
	91	物理学史话	王 冰	
	92	地图史话	朱玲玲	
文学艺术系列（8种）	93	书法史话	朱守道	
	94	绘画史话	李福顺	
	95	诗歌史话	陶文鹏	
	96	散文史话	郑永晓	
	97	音韵史话	张惠英	
	98	戏曲史话	王卫民	
	99	小说史话	周中明	吴家荣
	100	杂技史话	崔乐泉	
社会风俗系列（13种）	101	宗族史话	冯尔康	阎爱民
	102	家庭史话	张国刚	
	103	婚姻史话	张 涛	项永琴
	104	礼俗史话	王贵民	
	105	节俗史话	韩养民	郭兴文
	106	饮食史话	王仁湘	
	107	饮茶史话	王仁湘	杨焕新
	108	饮酒史话	袁立泽	
	109	服饰史话	赵连赏	
	110	体育史话	崔乐泉	
	111	养生史话	罗时铭	
	112	收藏史话	李雪梅	
	113	丧葬史话	张捷夫	

系列名	序号	书名	作者	
近代政治史系列（28种）	114	鸦片战争史话	朱谐汉	
	115	太平天国史话	张远鹏	
	116	洋务运动史话	丁贤俊	
	117	甲午战争史话	寇伟	
	118	戊戌维新运动史话	刘悦斌	
	119	义和团史话	卞修跃	
	120	辛亥革命史话	张海鹏	邓红洲
	121	五四运动史话	常丕军	
	122	北洋政府史话	潘荣	魏又行
	123	国民政府史话	郑则民	
	124	十年内战史话	贾维	
	125	中华苏维埃史话	杨丽琼	刘强
	126	西安事变史话	李义彬	
	127	抗日战争史话	荣维木	
	128	陕甘宁边区政府史话	刘东社	刘全娥
	129	解放战争史话	朱宗震	汪朝光
	130	革命根据地史话	马洪武	王明生
	131	中国人民解放军史话	荣维木	
	132	宪政史话	徐辉琪	付建成
	133	工人运动史话	唐玉良	高爱娣
	134	农民运动史话	方之光	龚云
	135	青年运动史话	郭贵儒	
	136	妇女运动史话	刘红	刘光永
	137	土地改革史话	董志凯	陈廷煊
	138	买办史话	潘君祥	顾柏荣
	139	四大家族史话	江绍贞	
	140	汪伪政权史话	闻少华	
	141	伪满洲国史话	齐福霖	

系列名	序号	书名	作者	
近代经济生活系列（17种）	142	人口史话	姜 涛	
	143	禁烟史话	王宏斌	
	144	海关史话	陈霞飞	蔡渭洲
	145	铁路史话	龚 云	
	146	矿业史话	纪 辛	
	147	航运史话	张后铨	
	148	邮政史话	修晓波	
	149	金融史话	陈争平	
	150	通货膨胀史话	郑起东	
	151	外债史话	陈争平	
	152	商会史话	虞和平	
	153	农业改进史话	章 楷	
	154	民族工业发展史话	徐建生	
	155	灾荒史话	刘仰东	夏明方
	156	流民史话	池子华	
	157	秘密社会史话	刘才赋	
	158	旗人史话	刘小萌	
近代中外关系系列（13种）	159	西洋器物传入中国史话	隋元芬	
	160	中外不平等条约史话	李育民	
	161	开埠史话	杜 语	
	162	教案史话	夏春涛	
	163	中英关系史话	孙 庆	
	164	中法关系史话	葛夫平	
	165	中德关系史话	杜继东	
	166	中日关系史话	王建朗	
	167	中美关系史话	陶文钊	
	168	中俄关系史话	薛衔天	
	169	中苏关系史话	黄纪莲	
	170	华侨史话	陈 民	任贵祥
	171	华工史话	董丛林	

系列名	序号	书名	作者
近代精神文化系列（18种）	172	政治思想史话	朱志敏
	173	伦理道德史话	马 勇
	174	启蒙思潮史话	彭平一
	175	三民主义史话	贺 渊
	176	社会主义思潮史话	张 武　张艳国　喻承久
	177	无政府主义思潮史话	汤庭芬
	178	教育史话	朱从兵
	179	大学史话	金以林
	180	留学史话	刘志强　张学继
	181	法制史话	李 力
	182	报刊史话	李仲明
	183	出版史话	刘俐娜
	184	科学技术史话	姜 超
	185	翻译史话	王晓丹
	186	美术史话	龚产兴
	187	音乐史话	梁茂春
	188	电影史话	孙立峰
	189	话剧史话	梁淑安
近代区域文化系列（11种）	190	北京史话	果鸿孝
	191	上海史话	马学强　宋钻友
	192	天津史话	罗澍伟
	193	广州史话	张 苹　张 磊
	194	武汉史话	皮明庥　郑自来
	195	重庆史话	隗瀛涛　沈松平
	196	新疆史话	王建民
	197	西藏史话	徐志民
	198	香港史话	刘蜀永
	199	澳门史话	邓开颂　陆晓敏　杨仁飞
	200	台湾史话	程朝云

《中国史话》主要编辑
出版发行人

总 策 划	谢寿光	王　正	
执行策划	杨　群	徐思彦	宋月华
	梁艳玲	刘晖春	张国春
统　　筹	黄　丹	宋淑洁	
设计总监	孙元明		
市场推广	蔡继辉	刘德顺	李丽丽
责任印制	郭　妍	岳　阳	